»Junge globale Führerin«

Die Aussagen in diesem Buch entsprechen meiner freien Meinung und sind alleine meine Ansichten. Meine Werturteile stellen daher eine bloße Meinungsäußerung dar. Fremdbehauptungen werden durch Quellen belegt. Die Links in den Quellenangaben wurden zum Zeitpunkt der Recherche geprüft und verifiziert. Bei Redaktionsschluss waren die Quellen alle aufrufbar. Sollte dies nach der Drucklegung nicht mehr der Fall sein, so können Onlineartikel oft noch über die Wayback Maschine des Internetarchivs *(https://archive.org/web/)* aufgefunden werden. Für Links, die nach der Veröffentlichung von den Seitenbetreibern gelöscht oder verändert wurden, übernehme ich als Autor keine Verantwortung.

1. Auflage September 2021

Copyright © 2021 bei
Kopp Verlag, Bertha-Benz-Straße 10, D-72108 Rottenburg

Alle Rechte vorbehalten

Umschlaggestaltung: Stefanie Beth
Lektorat: Klara Louber

Titelfotos: © Jens Krick / Flashpic / picture alliance;
© Tobias Arhelger / Shutterstock.com

ISBN: 978-3-86445-838-5

FSC
www.fsc.org
MIX
Papier aus verantwortungsvollen Quellen
FSC® C014496

Gerne senden wir Ihnen unser Verlagsverzeichnis.
Kopp Verlag
Bertha-Benz-Straße 10
D-72108 Rottenburg
E-Mail: info@kopp-verlag.de
Tel.: (0 74 72) 98 06-10
Fax: (0 74 72) 98 06-11
Unser Buchprogramm finden Sie auch im Internet unter:
www.kopp-verlag.de

Inhalt

Ein paar Zitate vorweg

Von Annalena Baerbock selbst

»Erstmals seit Jahrzehnten liegt echter Wechsel in der Luft. Jetzt ist der Moment, unser Land zu erneuern. Und alles ist drin«.[1]

»Gerade bei den Zukunftsthemen sollte die Richtlinienkompetenz aus dem Kanzler*innenamt zukünftig viel stärker genutzt werden«.[2]

»Verbote können sehr positive Folgen haben«.[3]

»Die Klimakrise ist das größte Risiko für unsere Freiheit und unseren Wohlstand«.[4]

»Die sozial-ökologische Erneuerung unseres Landes betrifft alle Bereiche«.[5]

»Steuern sollen auch lenken«.[6]

»Nur acht Prozent von 709 Abgeordneten im Bundestag haben eine Migrationsbiografie«.[7]

»Gehen wir offen und guter Dinge mit der Realität um, dass die Bundesrepublik Deutschland ein Einwanderungsland in dritter, wenn nicht in vierter Generation ist. Eine Gesellschaft der Vielen«.[8]

»Unsere Zukunft ist Europa«.[9]

»Anders Politik machen verlangt auch ein anderes Verständnis von Regieren«.[10]

»Mein Ziel ist eine Regierung zu bilden«.[11]

Über Annalena Baerbock

»Seit 2005 haben die Grünen im Bund nicht mehr mitregiert, der Machthunger in der Partei ist riesig«.[12]

Der Spiegel

»Annalena Baerbock ist eine Kandidatin des Ungefähren, die Aura des Aufbruchs ist wichtiger als Fakten, das Karma entscheidender als das Konkrete«.[13]

Martin Knobbe, Journalist

»Sie ist die Kandidatin vieler Journalistenherzen: Annalena Baerbock«.[14]

Cicero

»Keine neoliberale Partei hat bisher so unsozial gedacht wie die Grünen«.[15]

Klaus-Rüdiger Mai, Journalist

»Es ist kein Geheimnis, dass die Grünen längst mit absoluter Mehrheit regierten, wenn Journalisten allein die Wähler stellten«.[16]

Tichys Einblick

»Die Grünen sind gegen Deutschland, wollen aber hier gewählt werden und regieren!?«[17]

Volker Wissing, FDP-Generalsekretär

»Wir wollen, dass die Menschen ihr Auto abschaffen«.[18]

Regine Günther, Die Grünen, Verkehrssenatorin in Berlin

Vorwort

Auf in ein »grünes« Deutschland?

Da die Grünen als Vielflieger bereits in elf[19] von sechzehn Bundesländern mitregieren, haben sie ein Vetorecht gegenüber der deutschen Bundesrepublik. Denn jede kostenpflichtige Maßnahme muss durch den Bundesrat, weshalb man in Berlin bereits vom »grünen Kamin« spricht.[20]

Zwischen den Grünen und der Noch-Kanzlerin scheint zudem eine seltsame Kollaboration zu bestehen. Angela Merkel, so kommentiert Robin Alexander, Journalist und Autor des jüngst erschienenen Buches *Machtverfall. Merkels Ende und das Drama der deutschen Politik. Ein Report*, komme »die Abhängigkeit von den Grünen ›sehr gelegen. … Sie nutzt sie, um sich gegen Bedenkenträger in den eigenen Reihen durchzusetzen‹«.[21] Und auch sonst ist Merkel mehr »grün« als »schwarz«: »Als Kramp-Karrenbauer sich kritisch über die Schule schwänzenden Fridays-for-Future-Kinder äußert, trifft Merkel sich demonstrativ mit Greta – die Kanzlerin hat sich der Klima-Aktivistin aufgedrängt«[22], schreibt Ulrich Reitz im *Focus*. »Seit langem schon greifen die Grünen nicht mehr die Kanzlerin an. In der sogenannten Flüchtlingskrise waren sie die verlässlichsten Verbündeten Merkels. Robert Habeck begründete die Milde der Grünen Merkel gegenüber so: Merkel habe sich doch längst von der CDU entfremdet, sie vertrete nur noch die Vernunft – ebenso wie seine eigene Partei. Die Grünen wollen Merkel nicht kritisieren, sondern sie beerben.«[23]

Einen politischen »Richtungskampf« im eigentlichen Sinn dürfte es demnach nicht geben, denn wirklich konservativ ist CDU-Chef Armin Laschet nicht. Er hat sich viele grüne Themen bereits zu eigen gemacht und dürfte deshalb bei einer möglichen grün-schwarzen oder schwarz-grünen Regierungskoalition eher ein »lascher« Verhandlungspartner sein. Denn bei den wichtigsten Themen sind sich Schwarz und Grün sowieso schon einig: Sie teilen beide die Klimahysterie, wollen den Spritpreis anheben und damit die Welt »retten«.

Zum Erstaunen vieler haben die Grünen am 19. April 2021 Annalena Baerbock, »eine 40-jährige ehemalige Trampolinspringerin ohne jede Regierungserfahrung«, zur Kanzlerkandidatin auserkoren.[24] Womöglich könnte sie im Herbst 2021 die größte Volkswirtschaft in der EU und viertgrößte Industrienation[25] der Welt anführen oder zumindest ein wichtiges Ministeramt in einer zukünftigen Regierungsvertretung dieser Nation innehaben. Mit dieser Wahl lassen die Ökosozialisten alle Hemmungen fallen und bekennen sich zu dem, was sie schon immer waren, nämlich eine Verbotspartei. So sagt Annalena Baerbock ohne Umschweife: »Der Vorwurf der Verbotspartei hat mich nie getroffen«, denn Verbote könnten auch »sehr positive Folgen haben«.[26] Dieser Satz sollte uns hellhörig machen.

In *Tichys Einblick* beschreibt Klaus-Rüdiger Mai Baerbocks schöne neue Welt mit folgenden Worten: »Die Grünen – aus ethischer Machtvollkommenheit – verbieten das Autofahren, das Fleischessen, das Fliegen, das Produzieren von Produkten, die keine Zustimmung vom grünen Wohlfahrtsausschuss erhalten – und die Ingenieure und Techniker setzen sich auf den Hosenboden und eins, zwei, drei erfinden sie etwas im Handumdrehen, dass das Autofahren, das Fleischessen, das Fliegen ersetzt, etwas, das den Wind antreibt zu blasen und die Sonne ermuntert zu strahlen – und basteln ›vieles mehr‹.«[27] Und tatsächlich soll nach Vorstellung der Grünen das gesamte Leben in Deutschland bedingungslos dem Klimadiktat unterworfen werden.[28] Annalena Baerbock, die grüne Kanzlerkandidatin, nimmt dabei kein Blatt vor den Mund: »Die gesamte Politik der nächsten Bundesregierung muss sich auf Klimaneutralität ausrichten, in allen Ressorts, zentral von der nächsten Kanzlerin oder dem nächsten Kanzler gesteuert.«[29]

Doch wie konnte es geschehen, dass eine Frau mit einer – diplomatisch ausgedrückt – »merkwürdigen« Bildungskarriere ohne bürgerlichen Beruf und ohne Erfahrung in einem öffentlichen Amt überhaupt zu einer Kanzlerkandidatin wurde? Und noch wichtiger: Welche Interessen vertritt Annalena Baerbock in Wirklichkeit?

Ich lege in diesem Buch dar, dass die Hoffnungsträgerin der Grünen und die Wunschkandidatin des Weltwirtschaftsforums ihre Karriere teilweise auf Sand, teilweise auf Luftschlössern aufgebaut hat, gleichwohl aber eine gefährliche Botschafterin des radikalen Umbaus im Sinne der Globalisten ist.[30] Außerdem erhalten Sie Antworten auf brisante Fragen wie:

► Was hat es mit dem ominösen grünen
  »Geheimpapier« auf sich?
► Was bedeutet das Kürzel »GR2«, das in
  Insiderkreisen kursiert?
► Wollte sich Baerbock mit ihrem »frisierten«
  Lebenslauf klüger machen, als sie ist?
► Welche Rolle spielt Baerbocks Ehemann?
► Wird die grüne Kanzlerkandidatin vom
  Weltwirtschaftsforum »gelenkt«?
► Was haben George Soros und die Mitbegründerin
  von Black Lives Matter mit Baerbock zu tun?
► Was machte Baerbock auf dem Atlantic Council, das
  unter anderem von Waffenherstellern gesponsert wird?
► Kommt bald die Gender-Polizei?
► Welche Ministerposten könnten Baerbock,
  Habeck & Co in einer neuen Regierung besetzen?

Außerdem erfahren Sie

► wie es mit der Welt »nach Corona« weitergehen soll
► was das »Neue Grüne Testament« für uns bedeuten wird

▶ wie die Ökosozialisten mithilfe eines gigantischen Experiments zur Menschen- und Gesellschaftsoptimierung einen »besseren« Menschen kreieren wollen

▶ wie unsere Vermögen künftig umverteilt werden sollen

und

▶ warum die nächste Stufe der Entrechtung ein »Klima-Lockdown« sein wird.

Sie werden Antworten auf Fragen lesen, die in dieser Form im Mainstream gar nicht erst gestellt werden. Ich untermauere meine Argumentation mit rund 760 seriösen Quellen, die zu überprüfen jedem Leser freisteht. Natürlich kann man auch argumentieren wie der »Antifaschist« in meinem Haus: »Deine Quellen sind zwar richtig, aber dennoch falsch.« Hören Sie nicht auf solch ein unreflektiertes Gewäsch! Bleiben Sie mutig und lassen Sie sich auch weiterhin kein X für ein U vormachen.

Ihr
Michael Grandt

Kapitel 1

»Kanzlerin« Annalena Baerbock?

Deutschland am Scheideweg

Nach dem unerträglichen Merkel-Regime, das unser einst so blühendes Land in nur 16 Jahren hart an den Abgrund gebracht hat, rückt die Möglichkeit jetzt in unmittelbare Nähe, dass Annalena Baerbock im Herbst 2021 Kanzlerin einer grün-rot-linken Regierung werden und uns in eine »klimagerechte Welt«[31] führen wird. Doch eine solche Regierung wäre ein Albtraum für jeden vernünftig denkenden Menschen. Denn die Ökosozialisten sind bekannt dafür, dass sie für Verbote stehen und den ihnen dumm vorkommenden Bürgern vorschreiben wollen, was sie essen und trinken, wie sie sich kleiden und fortbewegen und wie sie reisen sollen.

Jedenfalls hat Grünenchef Robert Habeck ein Linksbündnis nach der Bundestagswahl schon mal nicht ausgeschlossen.[32] Eine grüne Kanzlerin hätte dann die Möglichkeit, eine Regierung aus Grünen, SPD und Linken zu formieren. Für diese Option kursiert in Insiderkreisen seit einiger Zeit das griffige Kürzel »GR2«, was bedeutet »Grün-Rot 2« oder »Grün-Rot-Rot«.[33] Dass sich die Vertreter dieser drei Parteien treffen, um über Gemeinsamkeiten zu diskutieren, ist ein offenes Geheimnis. So schreibt Wolfram Weimer in einem ntv-Beitrag mit dem Titel »Robert Habeck – Kanzlerkandidat von GR2«: »Bei den Enteignungsideen von Kevin Kühnert gab es bemerkenswerten Applaus von Spitzengrünen. Für die Linksbündnis-Befürworter in den drei Parteien ist darum die Koalitionsbildung in Bremen von symbolischer Bedeutung. Auch auf Bundesebene gibt es gute Beziehungen von Grünen-Chefin Annalena Baerbock zur Linken-Chefin Katja Kipping.«[34]

Nach einer erfolgreichen Bundestagswahl wäre Annalena Baerbock zu Gesprächen über eine Koalition mit der Linkspartei bereit. Zum Vorwurf, die Linkspartei sei eine Nachfolgepartei der SED, sagte

Baerbock, diese habe ihre Geschichte aufgearbeitet und als Grundlage für die Bildung einer gemeinsamen Regierung in Thüringen akzeptiert, dass »die DDR eine Diktatur war«[35]. Nur mit der Linken-Vertreterin Sarah Wagenknecht scheint man sich von Seiten der Grünen nicht anfreunden zu können. Ich werde weiter unten darauf zurückkommen.

Baden-Württembergs grüner Ministerpräsident Winfried Kretschmann versuchte schon einmal vorab zu beruhigen: »Niemand muss Angst vor einem grünen Kanzler oder einer grünen Kanzlerin haben. [...] Wir sind keine Trumps oder Erdogans oder Orbans, die alles über den Haufen werfen.«[36] Doch genau das bezweifeln Millionen Menschen, und deshalb stellte die feministisch orientierte grüne Partei eine »junge Frau« als Gegenpol zu den »alten weißen Männern« Armin Laschet (CDU) und Olaf Scholz (SPD) auf. Annalena Baerbock ist die erste Kanzlerkandidatin der Ökosozialisten überhaupt, und ihre Chancen stehen nicht schlecht, auch wenn die Umfragen schwanken. Die Wähler der Grünen sind längst keine langhaarigen Hippies mehr, sondern zumeist gutbürgerliche junge Menschen mit rebellischen Ansätzen, die häufig gut verdienen, einen akademischen Abschluss haben und in Universitätsstädten leben.[37] Manche von ihnen dürften ihren Stimmzettel allerdings wie einen Ablassbrief zum persönlichen Greenwashing nutzen, weil sie zwar links reden, aber weiterhin konservativ leben.[38] Das scheint für sie bequemer zu sein, als die vielen Verbote einzuhalten, die man ihnen im Namen des Klimas aufdrängen will.

Aber nur wenigen dürfte wirklich klar sein, worum es bei der nahezu religiös verehrten »Klimaneutralität« wirklich geht. Ein Fakt ist, dass jeder Deutsche heute im Durchschnitt 9 Tonnen Treibhausgase pro Jahr verursacht. Um aber die grünen Minimal-Klimaziele zu erreichen, müsste dieser Wert in den nächsten Jahren auf null (!) gesenkt werden,[39] was in einer hoch entwickelten Konsum- und Wohlstandsgesellschaft nur mit äußerst radikalen Schritten einhergehen kann, das heißt vielfältigen Verboten und dem Abbau unseres Wohlstands. Denn die von den Grünen immer wieder propagierte Annahme, man könne die Welt mit seinem individuellen Konsumverhalten retten, führt in die Irre. Etwa 85 Prozent der Treibhausgasemissionen entstehen nämlich gar nicht durch individuelle Entscheidungen, sondern sind energiebedingt.[40]

In einem bemerkenswerten Gastbeitrag auf *BUNTE.de* analysierte und kritisierte die Linken-Politikerin Sarah Wagenknecht den medialen »Baerbock-Hype«, der gleich nach der Nominierung der Grünen ausgebrochen war. Normalerweise mache ich mir die Ansichten einer Vertreterin der Linken nicht zu eigen, doch Sarah Wagenknecht trifft meiner Meinung nach mit ihrer Kritik derart ins Schwarze, dass ich mir erlaube, sie zum Auftakt ausführlich zu zitieren (Hervorhebungen d. d. Autor):

»Alles scheint plötzlich möglich: die Union in der Opposition, eine grün geführte Ampelkoalition, theoretisch sogar eine grün-rot-rote Regierung. **Journalisten feiern den Aufbruch in ein neues Zeitalter: grün, jung und unverbraucht. Selbst Führungskräfte der deutschen Wirtschaft sind begeistert.** [...] Nur auf **den Heiligenschein** [...] hat man bei *Sankta Annalena* lieber verzichtet.«[41] Wagenknecht fragt und konstatiert weiter: »Ist Grün also jetzt unsere Farbe der Hoffnung? Gibt es wirklich eine Mehrheit im Land, die sich nichts sehnlicher wünscht als Annalena Baerbock im Kanzleramt? [...] **Die letzte grüne Regierungszeit auf Bundesebene endete 2005. Das liegt so lange zurück, dass sich die meisten nicht mehr daran erinnern, was angesichts der Ergebnisse – von Hartz IV bis zur Beteiligung an völkerrechtswidrigen Kriegen – natürlich ein großer Vorteil ist.** Und dass die Grünen Angela Merkels Corona-Politik in den letzten Monaten allenfalls in dem Sinne missbilligt haben, dass sie die Einschränkungen gern immer noch strenger und länger gehabt hätten, ist im medialen Rummel um ihre Modernität ohnehin untergegangen.«[42]

Und weiter: »Die Grünen haben es mit geschicktem Marketing und viel medialem Rückenwind geschafft: Sie sind die neue Wohlfühlpartei. [...] Dieser Aspekt ist besonders wichtig in jenen gutsituierten akademischen Großstadtmilieus, in denen jeder Müsliriegel einen tieferen Sinn haben muss und an die sich schon lange kein Konsumgut mehr verkaufen lässt, das seinem Erwerber nicht mindestens das Gefühl gibt, mit dem Kauf zugleich auch das Klima und die Welt zu retten. Auch die Grünen sind jetzt für viele so ein Produkt, deshalb werden sie ›gekauft‹.«[43] Alsdann rechnet Wagenknecht mit der Energiepolitik ab: »Bemerkenswert sind auch die grünen Pläne zur Energiepolitik. Der ›Ausstieg aus der Kohle‹ soll nicht erst 2038, sondern schon 2030 vollendet sein, zusätzliches Gas, das sich als Brückentechnologie eignen würde, soll es ebenfalls nicht geben, jedenfalls nicht preiswert über Nord Stream 2, und auch das Verbrenner-Auto ist nach dem Willen der Grünen bald Geschichte, denn Neuwagen mit solchen Antrieben sollen ebenfalls ab 2030 in Deutschland nicht mehr zugelassen werden. [...] Wer freilich weiß, dass der Anteil der erneuerbaren Energien am Gesamtenergieverbrauch in Deutschland aktuell bei etwa 19 Prozent liegt, ahnt, dass **man verdammt viele Solarpanele auf Dächer bauen oder nahezu alle Wälder und Felder des Landes mit Windrädern verunzieren muss, damit diese Rechnung aufgeht.«**[44]

Anschließend zerlegt Wagenknecht Baerbocks Außenpolitik: »Nicht nur bedenklich, sondern brandgefährlich allerdings ist, was von der möglichen grünen Kanzlerin bisher in Sachen Außenpolitik zu hören war. So forderte Baerbock unlängst, Deutschland müsse ›den Druck

auf Russland‹ erhöhen und brauche ›dringend eine klare außenpolitische Haltung gegenüber dem russischen Regime‹ und ›schärfere
Sanktionen‹. […] der Gedanke, dass große Kriege, womöglich Atom-
kriege auch in unserer heutigen Welt nicht ausgeschlossen sind und
es daher überlebenswichtig ist, dass sich Außenpolitik von diplomati-
schem Feingefühl und Respekt vor den Interessen des anderen leiten
lässt, scheint ihr eher fern zu liegen. Nur so lässt sich auch ihre aben-
teuerliche Idee erklären, Russland und China im UN-Sicherheitsrat
als Vetomächte auszubooten und dadurch das wichtigste Gremium
kaltzustellen, das über Jahrzehnte einen Dialog der Atommächte erzwungen und so dazu beigetragen hat, Schlimmes zu verhindern.«[45]
Die grüne Kanzlerkandidatin als Militärbegeisterte? Dazu merkt
Sarah Wagenknecht an: »Baerbock möchte stattdessen lieber mit
Macron über **robuste europäische Militäreinsätze in fernen Ländern reden**, schließlich dürfe man sich ›nicht wegducken‹. **Als hätte auch nur einer der westlichen Kriege von Afghanistan über den
Irak bis Libyen die Welt zu einem besseren Ort gemacht. Bei so viel
Begeisterung fürs Militärische** ist es nur konsequent, dass **Baerbock
auch höhere Militärausgaben sinnvoll findet**, und zwar ungeachtet
dessen, dass das deutsche Rüstungsbudget bereits 2020, also mitten
in der Corona-Krise, stärker gestiegen ist als in irgendeinem anderen
Land der Welt.«[46]

Wagenknechts verheerendes Fazit lautet: »Das einzig Beruhigende
ist, dass Umfragen noch keine Wahlergebnisse sind. **Vielleicht haben wir ja Glück und es fällt doch noch dem einen oder anderen
auf, dass die grüne Mogelpackung weder nachhaltig noch umwelt-
freundlich** ist und man das gute Gefühl bei der Stimmabgabe später
schwer bereuen könnte.«[47]

Mit solch schonungslosen Aussagen dürfte sich Sarah Wagenknecht
nicht gerade zur Freundin von Annalena Baerbock gemacht haben,

doch sie ist in ihrer eigenen Partei nicht nur weitgehend abgeschrieben, sondern ihr droht sogar ein Parteiaustrittsverfahren.[48] Jedenfalls sind die Schnittmengen der Grünen und Linken gegeben und werden nach der nächsten Wahl sicherlich sondiert werden.

Auf ihrer ersten Pressekonferenz als Kanzlerkandidatin auf *phoenix live* fabulierte Baerbock dann auch im Sinne der linken Gesellschaftstransformation schon einmal von »Industrieumbau zusammen mit Fridays for Future«, Multikulti, Steuern und natürlich vom Klimaschutz.[49] Ein Kommentar in der *Neuen Zürcher Zeitung* beschreibt Baerbock in meinen Augen sehr treffend:

> *Annalena Baerbock erfüllt alle Kriterien der »woken«* Gesellschaft: Sie ist eine Frau, sie ist jung, sie gendert gerne und sie ist »grün«. Die junge akademische Wählerschaft ist hellauf begeistert. Sie ist das Gegenteil des von dieser Klientel gepflegten Feindbilds »alter weißer Mann«. Das muss reichen. Damit ist sie schon eine Ikone des Zeitgeistes. Sie muss also nur das Wiedergeben, was der Mainstream von ihr verlangt. Das hat sie bisher auch so gehandhabt. Sie ist unauffällig im Hintergrund geblieben. Die »woke« Wählerschaft urteilt eben nur nach politisch korrekten Kriterien. Dass sie sich nach einem Jahr »Studium« als »Völkerrechtlerin« präsentiert – geschenkt. Dass sie überhaupt keine praktische politische Erfahrung hat – geschenkt. Dass sie auf internationaler Bühne ein kleines Licht ist – geschenkt. Dass sie viel nachplappert und Fakten durcheinanderbringt – geschenkt. Dass sie für viele sehr naiv herüberkommt – geschenkt. Dafür ist sie sehr groß im Ver-*

---

* Siehe Kapitel 12, »Der ›Woke‹-Wahnsinn: Schachspielen und Apfelkuchen essen sind rassistisch«.

breiten von Symbolpolitik. Tempolimit, Inlandsflüge und Benzinpreiserhöhung sollen das Klima »retten«.[50]

Dass Annalena Baerbock Chancen hat, tatsächlich Regierungschefin zu werden oder als Ministerin in einem schwarz-grünen Kabinett zu fungieren, steht außer Frage. Denn wenn die CDU weitermacht wie bisher, ist die nächste »Merkel« tatsächlich eine Grüne. Aber wer ist diese Frau eigentlich, die uns als nächste Kanzlerin beglücken will?

Kapitel 2

Wer ist Annalena Baerbock?

Annalena Charlotte Alma Baerbock wurde am 15. Dezember 1980 als Tochter eines Maschinenbauingenieurs und einer Sozialpädagogin geboren und hat selbst zwei kleine Töchter.[51] Ihre Mutter arbeitete 4 Jahre lang für die Katholische Familienbildungsstätte Hannover, und zwar vor allem in der Beratung und Begleitung von Familien.[52] Ihr Vater war »in der Niederlassung Hannover der WABCO Holding GmbH, eines großen US-amerikanischen Automobilzulieferers«, tätig.[53] Annalenas Mutter »wurde als drittes Kind geboren, nachdem ihre Eltern mit ihrem Bruder und ihrer Schwester 1958 aus dem heutigen Kędzierzyn-Koźle in Oberschlesien nach Niedersachsen ausgesiedelt waren«.[54] Ihr Großvater war »Wehrmachtsoffizier bei der Flak-Instandsetzung«.[55]

Annalena wuchs in einem von ihren Eltern sanierten Haus des ehemaligen Mühlenbesitzers in Schulenburg an der Leine, 25 Kilometer südlich von Hannover, auf. Dort verfügte die Familie über einen riesigen Garten, in dem sie auch Hühner hielt.[56] Schon als Kind wurde Annalena politisch sozialisiert, denn ihre Eltern nahmen sie zu Menschenketten gegen das Wettrüsten und Antiatomkraftdemos mit.[57] »In meinem Kinderzimmer hing das Greenpeace-Plakat ›Erst wenn der letzte Baum gerodet …‹ und die Umwelt-AG war selbstverständlich«, sagte Baerbock vor einigen Jahren in der Serie *Wege in die Politik* des Deutschen Bundestages. »Zusammen mit einer Freundin habe sie zum Unmut ihrer Mitschüler durchgesetzt, dass als Protest gegen den Irak-Krieg kein Fasching gefeiert wird.«[58]

Während ihrer gesamten Kindheit und Jugend betrieb Baerbock Trampolinturnen als Leistungssport.[59] Nachdem sie bereits mit 6 Jahren begonnen hatte, trainierte sie alsbald drei- bis fünfmal in der Woche, um im Anschluss noch zum Fußballtraining aufzubrechen.[60] Sie nahm an Deutschen Meisterschaften teil und gewann dreimal Bronze im »Doppel-Mini-Tramp«.[61]

In einer Fabrik für Fahrzeugbremsen, in der sie in den Semesterferien arbeitete, stieß sie das erste Mal auf »indirekte Diskriminierung«: »Der Student, der neben mir am Fließband stand, erhielt für die gleiche Arbeit eine Mark mehr Stundenlohn. Zur Begründung hieß es, ihm traue man zu, dass er das Fließband auch reparieren könne, wenn es mal haken würde. Damals ging mein Puls so richtig hoch. Wie oft hatte ich meinen Kumpels beim Autoreifenwechseln geholfen.«[62]

Mit 16 Jahren ging es dann auf eine Privatschule in die USA. Die Privatschule sei »Zufall« gewesen, weil ihre Gastfamilienmutter dort Lehrerin gewesen sei.[63]

Frisierter Lebenslauf – mehr Schein als Sein?

Da in Annalena Baerbocks öffentlich einsehbaren Lebensläufen inzwischen auffällig viele Ungereimtheiten zutage getreten sind, lohnt es sich, einen genauen Blick auf sie zu werfen, denn der Umgang mit ihrem Lebenslauf sagt viel über die Person und den Charakter der grünen Kanzlerkandidatin aus.

»Völkerrechtlerin«: Ja oder nein?

Nach ihrem Abitur an der Humboldtschule in Hannover studierte Annalena Baerbock in den Jahren 2000–2005 Politikwissenschaften, öffentliches Recht und Völkerrecht in Hamburg und London und schloss mit einem Master of Laws (LL.M.) in »Public International Law« ab.[64] Sie selbst bezeichnet sich als »Völkerrechtlerin«.[65] Doch stimmt das auch so?

Die FAZ schrieb: »Sie wird als Völkerrechtlerin bezeichnet, ist aber keine Volljuristin. Einen Bachelorabschluss hat Annalena Baerbock nicht, aber Vordiplom und Master. Dennoch: Alles ging mit rechten Dingen zu.«[66] Wie aber war es überhaupt möglich, dass Baerbock unter diesen Bedingungen an der London School of Economics (LSE) studieren konnte? Gerhard Dannemann, Professor für englisches Recht an der Humboldt-Universität in Berlin erklärte dazu, »die Londoner Hochschule LSE könne selbst bestimmen, welche Voraussetzungen sie an ein LLM-Studium knüpft. Der Standardfall sei ein LLB, also ein Bachelor of Laws, auch ein Staatsexamen würde vermutlich genügen. ›Außerdem könnte die LSE in Einzelfällen auch Studierende ohne einen ersten Abschluss zulassen‹.«[67] Zu diesen »Einzelfällen« dürfte Baerbock gehört haben, der Rest wird wahrscheinlich Vitamin B gewesen sein. Als äquivalente Grundlage für eine Aufnahme akzeptierte die Universität in England also das Vordiplom, allerdings mussten die Studienbewerber bereits zwei Scheine im Hauptstudium gemacht haben. Jedenfalls darf sich Baerbock nach dem britischen Zeugnis Völkerrechtlerin nennen.[68] Nebenbei bemerkt war das Studium in England nicht gerade kostengünstig, nach ihren eigenen Angaben betrugen die Studiengebühren für das eine Londoner Studienjahr umgerechnet 11 300 Euro.[69]

Baerbock selbst beschreibt diesen Abschnitt ihres Lebens folgendermaßen: »Ich studierte Politik und im Nebenfach öffentliches Recht in Hamburg und wechselte später an die London School of Economics and Political Science (LSE), um mich auf Europa – und Völkerrecht zu spezialisieren.«[70]

Tichys Einblick wollte es genauer wissen und erhielt folgende Informationen: »Am Ende des 12-monatigen Kurses stand ein Abschluss als Master of Laws (LLM). Allerdings muss für den Erwerb des Titels an der LSE bei einem Jahreskurs keine Abschlussprüfung (Thesis) abgelegt werden. Obligatorisch ist laut Studienordnung der Hochschule allerdings ein Aufsatz (Essay) von 10 000 Wörtern. TE hatte bei der

LSE und Baerbocks Sprecher gefragt, zu welchem Thema sie damals geschrieben hatte, und wo der Essay hinterlegt ist. Die LSE antwortete: ›In line with UK data protection laws, we do not provide further details of our students' or graduates' studies or applications without their prior consent.‹ Die Hochschule teilt also keine Einzelheiten über das Studium eines Absolventen ohne Einwilligung des Betreffenden mit – auch nicht zu dem Aufsatzthema und dem Verbleib des Textes. Der Baerbock-Sprecher ließ die Anfrage von TE unbeantwortet.«[71] Ihr Abschlussaufatz bleibt also geheim.

In *Tichys Einblick* heißt es dann weiter: »Ihr Studium der Politikwissenschaften in Hamburg hatte sie ohne Abschluss beendet. Der LLM-Abschluss in London nach nur einem Jahr und ohne Abschlussprüfung dürfte weder einem Diplomabschluss noch einem regulären Master-Abschluss entsprechen. Unbekannt bleibt auch Baerbocks nach eigenen Angaben 2009 begonnene, aber nie beendete Promotion in Völkerrecht an der FU Berlin, eine Arbeit zum Thema ›Naturkatastrophen und humanitäre Hilfe im Völkerrecht‹. In ihrem Lebenslauf auf ihrer Website[72] steht (abgerufen am 28. Mai 2021) unter Ausbildung & Beruf: ›Doktorandin des Völkerrechts, Freie Universität Berlin, Promotion nicht abgeschlossen‹.«[73]

»Doktorandin«: Ja oder nein?

Wie in *Tichys Einblick* weiter zu lesen ist (Hervorhebungen d. d. Autor), dürfte Baerbock sich eigentlich nicht Doktorandin nennen: »An anderen Stellen hatte sie angegeben, dass ihre Promotion seit ihrem Einzug in den Bundestag 2013 ›ruht‹, dass sie aber mit der Abfassung der Arbeit ›in den letzten Zügen‹ gelegen habe. Auf Anfrage teilte die FU Berlin dem Blogger Hadmut Danisch mit, **Baerbock habe der Universität schon 2015 intern mitgeteilt, ›dass sie ihr Promotionsvorhaben nicht weiterverfolgen werde und sich als Promotionsstu-**

dentin exmatrikuliert habe‹. Spätestens seit **diesem Zeitpunkt durfte sie sich nicht mehr als Doktorandin bezeichnen.** Ob sie tatsächlich einen zwar unvollendeten, aber grundsätzlich den Promotionsstandards genügenden Text verfasste, lässt sich nicht überprüfen.«[74]

Als Schlussfolgerung entlarvt das Magazin die grüne Kanzlerkandidatin:

> *Baerbock suggerierte also bis Mai 2021, sie sei Politikwissenschaftlerin mit Bachelor-Abschluss, Völkerrechtlerin und stünde kurz vor der Doktorwürde. Tatsächlich erwarb sie nie einen regulären Studienabschluss – und absolvierte in den fünf Jahren ihrer beiden Hochschulaufenthalte in Hamburg und London weder eine formale Prüfung, noch legte sie eine öffentlich zugängliche schriftliche Arbeit vor.*[75]

Diese Feststellung rief auf der Kommentarseite von *Tichys Einblick* einen Sturm an Kommentaren hervor. Da diese die Tragweite des Themas für die Wahrnehmung Annalena Baerbocks in der Öffentlichkeit und die möglichen Konsequenzen deutlich machen, zitiere ich im Folgenden einige aufschlussreiche Stimmen. So schrieb Angelina Clooney, »nach dem Bürgerlichen Gesetzbuch (BGB) nennt man Baerbocks Verhalten wohl Arglistige Täuschung«[76], Augusto Beblo ergänzte: »im Volksmund: ›Hochstapelei‹«[77], und R. J. kommentierte, »der Erwerb von Vordiplomscheinen (regulär in 2 Jahren) gehört zur Propädeutik[78], man wird dadurch nicht zum Experten für irgendwas. Ein einjähriger Kurs in einem weit angelegten Fach wie ›Internationales Recht‹ reicht ebenfalls nicht, um auch nur ansatzweise Experte zu werden, vor allem ohne substantielle juristische Vorkenntnisse.«[79]

Aus Gründen der Ausgewogenheit möchte ich jedoch auch eine Gegenstimme, nämlich die von AM, zu Wort kommen lassen: »Eine ›Thesis‹ entspricht einer deutschen Studien- bzw. Diplomarbeit und ist keine Abschlussprüfung. [...] Zu meiner Zeit gab es an englischen Unis zwei Wege, einen Master zu bekommen. Entweder im Rahmen eines einjährigen Master-Projektes, ähnlich einer erweiterten deutschen Diplomarbeit, oder durch ein Master-Studium mit Kursen, einem kleineren Essay und natürlich zusätzlicher Abschlussprüfung. Frau Baerbock hat wahrscheinlich Letzteres gemacht. Insofern ist es (wahrscheinlich) falsch zu behaupten, sie habe keinen Abschluss oder keine formale Prüfung. [...] Auch war es früher, als es hier noch keinen Bachelor gab, durchaus üblich, mit einem Vordiplom + 1–2 Jahre Hauptstudium an eine englische oder US-Uni zu gehen und von dort mit Bachelor oder Master zurückzukommen. Das haben einige Kommilitonen von mir gemacht, und das war kein Laberfach. Der Master wurde dann wiederum hier als Diplom-Äquivalent anerkannt, und damit konnte man auch promovieren – insofern alles grün. Allerdings hat die Baerbocksche Version – Politikstudium (hier) + viel Geld bezahlt in London – etwas von, nun, nicht gerade Titelmühle, aber jedenfalls von Schmalspur-/Dünnbrettbohrer-Variante. Den Abschluss so herauszustellen und sich damit selbst als Völkerrechtlerin zu bezeichnen, spricht nicht gerade für Seriosität oder Integrität. Dass es keinerlei nachvollziehbare Traktate gibt, macht es nicht besser. Hierzulande ist aus gutem Grund jede Studien-, Diplom- und Doktorarbeit öffentlich.«[80] Dieser Darstellung widersprach im Kommentarbereich von *Tichys Einblick* wiederum Odol:

> *Man mag es drehen und wenden wie man will, auch wenn es strafrechtlich nicht justiziabel sein sollte, Baerbocks ›Völkerrechtlerin‹ ist eine Hochstapelei, und diese Hochstapelei taucht mit Hilfe von willigen Behördenvollstreckern auch auf einem amtlichen Dokument auf,*

wie dem Wahlschein der vergangenen Wahlperiode, wo Baerbock die Wähler täuscht und dreist den Beruf ›Völkerrechtlerin‹ angibt. Zunächst hatte Baerbock die ›Völkerrechtlerin‹ abzuleiten versucht aus Nebenfächern des Politologie-Vordiploms. Damit hätte jeder, der ein Vordiplom in zwei Hauptfächern und drei Nebenfächern absolviert hat, mindestens fünf Berufe. Da in der weiteren Exploration auch vom interessierten Publikum zudem sich abzeichnete, dass ihr Vordiplom keinerlei ›Völkerrechts‹ -Komponenten enthalten hat (warum auch, es war schließlich ein Vordiplomstudium der Politologie) und die ›Akademischen Zeugnisse‹ (TAGESSPIEGEL) weder Datums- noch Fächerangaben enthalten, versuchte Baerbock dann mit wechselnd ventilierten Fächerbezeichnungen die ›Völkerrechtlerin‹ aus dem einjährigen mutmaßlichen Notabschluss einer Londoner privaten Bezahl-Universität abzuleiten. Denn, wie TE zutreffend zusammenfasst, erwarb Baerbock nie einen regulären Studienabschluss.[81]

Zu allem Überfluss enthüllte dann das österreichische Onlinemagazin *eXXpress* auch noch:

Mysteriös: Annalena Baerbocks Doktorarbeit hat jemand anderer vollendet, als sie selbst noch daran gearbeitet hat. Die Grüne-Kanzlerkandidatin hat ihre Doktorarbeit nie abgeschlossen – das hat anscheinend jemand anderer getan, wie neue Recherchen jetzt zeigen. Doch das alles passt nicht zu Baerbocks bisherigen Behauptungen über ihr eigenes Doktoratsstudium.[82]

Solange sich Annalena Baerbock nicht selbst klar und deutlich zu diesem Thema äußert, behalten Vermutungen die Oberhand. Es wäre in ihrem eigenen Interesse, der Öffentlichkeit mitzuteilen, zu welchem Thema sie den Aufsatz für die LSE geschrieben hat, und ihn womöglich sogar öffentlich einsehbar zu machen. Anfang Juni 2021 berichtigte Baerbock ihre Vita dann auch ein wenig und tauschte ihre Angabe »Völkerrecht« gegen die Bezeichnung »Public International Law« aus.[83]

Doch Baerbocks Studium an der LSE dürfte kein Zufall gewesen sein, denn die London School of Economics ist nicht nur eine der besten Universitäten in Großbritannien, sondern auch eine der Topakademien auf der ganzen Welt. Keine Universität der Welt hat mehr Milliardäre hervorgebracht als die LSE,[84] unter ihnen befindet sich auch George Soros.[85] Jedenfalls kann man an der LSE viele nützliche Kontakte knüpfen, und an diesen fehlt es Frau Baerbock, wie wir später sehen werden, nicht.

»Mitglied« im UNHCR: Ja oder nein?

Doch mit den umstrittenen Angaben als »Völkerrechtlerin« und »Doktorandin« in Baerbocks Lebenslauf ist es noch lange nicht getan. Als ich den Screenshot ihrer Vita am 26. Mai 2021 ausdruckte, erschien unter der Rubrik »Mitgliedschaften« noch die UNHCR[86] (das Flüchtlingskommissariat der Vereinten Nationen).[87] Aber beim UNHCR kann man gar nicht Mitglied werden, sondern nur als Spender auftreten. Das haben inzwischen auch verschiedene Medien aufgegriffen.

Bei einer Überprüfung ihres Lebenslaufs am 4. Juni 2021 fehlte dann die Angabe einer Mitgliedschaft bei der UNHCR,[88] und am 9. Juni war plötzlich unter der Rubrik »Beiräte, (Förder-)Mitgliedschaften, regelmäßige Unterstützung« vermerkt: »UNO-Flüchtlingshilfe (dt. Partner des UNHCR)«.[89] Doch es war bereits zu spät, denn nun stand Baerbocks Vita erst recht im Visier der Journalisten, und die FAZ deckte weitere falsche Angaben in ihrem Lebenslauf auf. So ist Baerbock

► **nicht** im Transatlantik-Beirat der Heinrich-Böll-Stiftung; auf deren Website ist ihr Name nicht zu finden.
► **nicht** Mitglied beim German Marshall Fund (GMF).[90]

Daraufhin hakte die BILD nach und erhielt von einer GMF-Sprecherin die Bestätigung, dass die Grünen-Parteichefin zwar am Marshall Memorial Fellowship Programm teilgenommen habe, doch kein Mitglied des Alumni Leadership Council sei, was die Möglichkeit böte, sich »weiter im GMF zu engagieren«.[91] Auf Nachfrage von *Welt am Sonntag* erklärte eine Sprecherin der Grünen zum Thema GMF, »dass Baerbock ›Alumna beim Marshall Memorial Fellowship vom German Marshall Fund‹ sei«, was nicht mit einer Mitgliedschaft gleichzusetzen ist. »Baerbock habe das GMF-Programm bereits 2011 absolviert.«[92]

Und was tat Baerbock nach diesen weiteren Enthüllungen? Sie machte sich einfach nur rasch an die Korrektur der fraglichen Angaben in ihrem Lebenslauf.[93] Ein wenig reumütig twitterte dann Baerbocks Wahlkampfsprecher Andreas Kapler am 5. Juni 2021: »Da es Nachfragen zu angegebenen ›Mitgliedschaften‹ im Lebenslauf von Frau Baerbock gab, wurden die Angaben präzisiert und korrigiert. Danke für die Hinweise.«[94]

»Büroleiterin«: Ja oder nein?

Doch das war noch nicht alles, denn eine weitere Aussage in Baerbocks ursprünglichem Lebenslauf entsprach nicht ganz der Wahrheit: Laut ihrer Vita war sie von 2005 bis 2008 »Büroleiterin« der grünen Europaabgeordneten Elisabeth Schroedter. Tatsächlich wird sie im Parlamentsarchiv aber erst ab April 2007 als Büroleiterin in Berlin/Potsdam und ab Oktober 2007 als Ansprechpartnerin in Brüssel gelistet. Die knapp 2½ Jahre davor war sie lediglich für die Website von Schroedter zuständig, eine Tätigkeit, die sich von einer Büroleitung meilenweit unterscheidet.[95, 96] Wir haben es hier also mit einer weiteren Selbsterhöhung zu tun.

Eine Sprecherin der Grünen versuchte diese Scharte auszuwetzen, indem sie auf Nachfrage der Medien angab, Annalena Baerbock sei im genannten Zeitraum »die meiste Zeit« als Büroleiterin tätig gewesen. Im Herbst 2005 sei sie als Mitarbeiterin eingestellt worden und habe »nach kurzer Zeit ausfallbedingt Büroleitungstätigkeiten« übernommen, »Ende 2006 wurde sie auch formell Büroleiterin«[97]. Überdies gebe ein Archiveintrag der Website von Frau Schroedter aus dem Jahr 2007, nach dem Annalena Baerbock auch zu diesem Zeitpunkt noch für die Website zuständig gewesen sei, nicht den damaligen Stand wieder. »Die Website wurde offenbar erst später den formalen Zuständigkeiten angepasst«, so die Sprecherin.[98] Das sind doch ein paar scheinheilige Ausreden zu viel …

»Tätigkeitsort Brüssel«: Ja oder nein?

Als nächste Ungereimtheit wurde in Baerbocks Lebenslauf auf *gruene.de* Brüssel als Tätigkeitsort zwischen 2005 und 2008 angegeben, während auf der Website von Elisabeth Schroedter stand, dass Baerbock bis August 2007 für die Büros in Berlin und Potsdam zuständig gewesen sei. Die fade Erklärung der Grünen-Sprecherin dazu lautet: »Frau Baerbock war zunächst in Deutschland, dann in Brüssel.«[99] Doch daraufhin verschwand die Angabe eines Einsatzortes, und aktuell heißt es nur noch, Baerbock sei von 2005 bis 2008 Schroedters Büroleiterin gewesen.[100]

Weiterhin sagten die Grünen zu den fragwürdigen Punkten im Lebenslauf ihrer Kanzlerkandidatin:

▶ UNHCR: »Annalena Baerbock spendet seit 2013 regelmäßig dem nationalen Partner des UNHCR, der UNO-Flüchtlingshilfe. Dieses wurde nun u. a. durch Ergänzung von Kategorien präzisiert.«[101]
▶ Transatlantik-Beirat: »Aus dem Europa-Transatlantik-Beirat der Heinrich-Böll-Stiftung ist Annalena Baerbock ausgeschieden.«[102]
▶ Büroleiterin: »Annalena Baerbock wurde im Herbst 2005 zuerst als Mitarbeiterin eingestellt und übernahm nach kurzer Zeit ausfallbedingt Büroleitungstätigkeiten, Ende 2006 wurde sie auch formell Büroleiterin. [...] Die Homepage wurde offenbar erst später den formalen Zuständigkeiten angepasst.«[103]

Dazu twitterte Philipp Plickert, Journalist der FAZ, am 5. Juni 2021: »Hektische Aufräum- und Bereinigungsarbeiten im Lebenslauf von Frau Baerbock heute Abend, nachdem ich viel peinliche falsche bzw. hochstaplerische Angaben aufgedeckt habe«.[104] Und auch in der Sendung *Farbe bekennen* der ARD wurde Annalena Baerbock für ihren Lebenslaufbluff ungewöhnlich hart in die Mangel genommen. Die »laut BILD als Grünen-nah geltende«[105] Journalistin Tina Hassel und der Journalist Oliver Köhr stellten unangenehme Fragen wie etwa »Warum machen Sie sich toller, als Sie eigentlich sind?« und sprachen von einem »kreativen Umgang« mit ihrem Lebenslauf.[106] Baerbocks kläglicher Versuch, sich reinzuwaschen, hörte sich so an:

Das habe ich so nicht gemacht, aber ich habe meinen Lebenslauf auf der Website, der für mich eine komprimierte Darstellung ist der wichtigsten beruflichen Situation und vor allen Dingen der Verbindung zu Vereinen, zu Organisationen, sehr komprimiert dargestellt und habe schmerzlich gespürt, dass es offensichtlich sehr missverständlich war. Ich wollte alles andere, als mich größer machen, als ich bin, sondern sehr kompakt darstellen, welche Verbindung es auch zu Institutionen gibt, und das war offensichtlich sehr schlampig. Ich habe da offensichtlich einen Fehler gemacht, und das tut mir sehr, sehr leid, weil es eigentlich in diesen Momenten um große andere Fragen in diesem Land geht.[107]

Daraufhin merkte Oliver Köhr an, sie bewerbe »sich ja jetzt nicht auf einen Nebenjob in der Kneipe. Ist das das Level an Professionalität, was wir von einer Grünen im Kanzleramt erwarten können?« Baerbock antwortete kleinmütig, es gehe »um große Veränderung in unserem Land, um große Themen […]. Ja, wir hätten bei meiner Website genauer sein müssen, wie gesagt, ich ärgere mich sehr darüber.«[108]

Alexander Wendt, einer der ersten Journalisten, die Baerbocks unlauteren Umgang mit ihrem Lebenslauf aufgedeckt hatten, rekapituliert dieses Phänomen als »Drama des unbegabten Kindes« (Hervorhebungen d. d. Autor):

*Auf etlichen Internetseiten der Partei, der Fraktion, der Parteistiftung und bei Wikipedia fanden umfangreiche Aufräum- und Umbauarbeiten statt. **Es verschwand die Behauptung, sie hätte in Hamburg einen Bachelor-Abschluss erworben** (diese Falschmeldung beispielsweise kursierte sowohl bei den Grünen als auch bei etlichen Medien). **Aus ihrem Masterabschluss in Völkerrecht an der London School of Economics, der suggerierte, sie sei Juristin, wurde ein Abschluss in Internationalem Recht. Dann verschwand auch der Hinweis auf ihre angefangene Völkerrechts-Promotion an der FU Berlin, die sie schon 2015 endgültig abbrach,** bis vor den Putzarbei-*

ten aber noch so dargestellt hatte, als würde die Promotion nur ruhen. *Aus der Politologin und Juristin mit LLM und kurz vor der Doktorwürde wurde also Mitte Mai eine mitteljunge Frau, die ihr Studium in Hamburg abschlusslos beendet hatte,* sich dann für umgerechnet etwa 11 000 Euro in einen Jahreskurs an der LSE *einkaufte,* bei dem laut Universitätsannalen noch nie ein Absolvent scheiterte, und die es mit diesem Papier wiederum als Promotionsstudentin an die FU schaffte, allerdings, ohne dort etwas abzuliefern. *[…] In den nächsten Wochen erledigten sich dann* durch Nachfrage des FAZ-Journalisten Philip Plickert und von Don Alphonso *mehrere Pseudo-Mitgliedschaften* in ihrem Lebenslauf, etwa beim UNHCR – in dem es gar keine Mitgliedschaft von Einzelpersonen gibt – und *beim German Marshall Fund, wo sie einmal einen Kurs absolvierte,* mehr aber auch nicht. Dann *schrumpfte noch ihr Büroleiterposten* bei der EU-Abgeordneten Elisabeth Schroedter zusammen: in der neuen Biografieversion *übte sie den »nicht die ganze Zeit« aus, die sie ursprünglich angegeben hatte. Und* auch nicht überwiegend von Brüssel aus. In der vorerst letzten Umbaustufe *kippte auch noch die freie Mitarbeit bei der »Hannoverschen Allgemeinen« von 2000 bis 2003 aus dem Lebenslauf,* keine Kleinigkeit, denn es handelte sich um ihre einzige Tätigkeit außerhalb der Berufspolitik.[109]

Abgeschrieben: Ja oder nein?

Kurz vor Drucklegung dieser Publikation brandeten neue Wellen der Empörung über die grüne Kanzlerkandidatin hinweg. Der Grund:

Baerbocks Buch *Jetzt. Wie wir unser Land erneuern*[110]. Innerhalb nur weniger Tage hatten Plagiatsjäger herausgefunden, dass sie vieles darin dreist abgeschrieben hatte, und wiesen ihr Stelle für Stelle nach. Sogar Passagen über ihre eigenen Reisetätigkeiten (!) waren abgekupfert.[111] Etwa die Passage, in der sie beschreibt, wie sie als Bundestagsabgeordnete in den Irak und die Autonome Region Kurdistan reiste und dort jesidische Frauen und Kinder besuchte, die dem IS entkommen waren.[112] Baerbock übernahm dafür Teile aus einem Artikel der *Deutschen Welle* mit dem Titel »Albtraum ohne Ende für jesidische Kinder«[113].

Auf die Kritik reagierten die Grünen in gewohnter Weise dünnhäutig und sprachen von einer »Rufmordkampagne«[114]. Erst als immer mehr Stellen und nicht gekennzeichnete wörtliche Übernahmen in ihrem Buch öffentlich wurden und der Druck zunehmend wuchs, ließ sich Baerbock dazu hinreißen, endlich einzuräumen, dass es »sicherlich besser gewesen [wäre], wenn ich doch mit einem Quellenverzeichnis gearbeitet hätte«[115]. Typisch Grüne, typisch Baerbock.

Eine Kanzlerkandidatin, die nobilitierende Mitgliedschaften erfindet, sich als Doktorandin ausgibt, einen Corona-»Bonus« kassiert, ihre Nebeneinkünfte spät nachmeldet, in ihrem eigenen Buch schummelt und, wo eben möglich, ihren Lebenslauf aufbläst, schafft nicht gerade Vertrauen. Dennoch schwärmen immer wieder »Rudel von Erklärbären« (*Wochenblick*)[116] aus, um zu rechtfertigen, was ganz offensichtlich nicht stimmt, und alles wird dafür getan, um die Kandidatin der Eliten aus der Schusslinie zu nehmen.

Für mich steht fest: Annalena Baerbock, die Kanzlerkandidatin der Grünen, machte sich größer, als sie tatsächlich ist. So etwas nennt man im Volksmund schlichtweg Hochstapelei.

Politische Funktionen

Ein Praktikum im Europarat in Straßburg und im Europäischen Parlament brachte Annalena Baerbock in direkten Kontakt zum politischen Geschehen. Wie ausführlich diskutiert war sie nach dem Abschluss ihres Masterstudiums im Büro von Elisabeth Schroedter, der Europa-Abgeordneten für die Grünen, in Potsdam sowie als Trainee des British Institute of Comparative and Public International Law tätig.[117, 118] 2005 trat sie bei den Grünen ein und wirkte von 2008 bis 2009 als Referentin für Außen- und Sicherheitspolitik der Bundestagsfraktion von BÜNDNIS 90/DIE GRÜNEN sowie von 2008 bis 2013 als Sprecherin der Bundesarbeitsgemeinschaft Europa, wobei sie inhaltlich, konzeptionell und strategisch die Europapolitik ihrer Partei mitgestaltete.[119] Von 2009 bis 2012 war sie Vorstandsmitglied der Europäischen Grünen Partei (ein Zusammenschluss grüner Parteien in Europa)[120] und gehörte von 2012 bis 2015 dem Parteirat von BÜNDNIS 90/DIE GRÜNEN an,[121] der auch als Schnittstelle zwischen dem Bundesverband, den Landesverbänden und Abgeordneten der Partei dient.[122] Ab Oktober 2008 dem Brandenburger Landesvorstand der Grünen zugehörig, wurde sie im November 2009 zu einer von zwei gleichberechtigten Vorsitzenden des Landesverbands Brandenburg gewählt. Nach ihrem Einzug in den Bundestag kandidierte sie für dieses Amt jedoch nicht mehr.

Bei der Bundestagswahl 2013 erhielt Baerbock 7,2 Prozent der Erststimmen[123] und zog über die Landesliste in den Deutschen Bundestag ein. Von 2013 bis 2017 war sie klimapolitische Sprecherin ihrer Fraktion und Mitglied des Ausschusses für Wirtschaft und Energie, des Ausschusses für die Angelegenheiten der Europäischen Union sowie stellvertretendes Mitglied im Umweltausschuss und im Ausschuss für Familie, Senioren, Frauen und Jugend; überdies Mitglied der deutsch-polnischen Parlamentariergruppe, stellvertretende Vorsitzende des Freundeskreises Berlin-Taipeh, stellvertretendes Mitglied der Parlamentarischen Versammlung des Europarates sowie in der folgenden Legislaturperiode stellvertretendes Mitglied im Ausschuss für Wirtschaft und Energie.[124] Im November 2016 wurde Baerbock auf der Delegiertenkonferenz der Bündnisgrünen zur brandenburgischen Spitzenkandidatin ihrer Partei für die Bundestagswahl 2017 gewählt.[125] Diesmal zog sie mit 8 Prozent der Erststimmen über die Landesliste in den Bundestag ein.[126] Baerbock ist derzeit Mitglied in den Ausschüssen für die Angelegenheiten der Europäischen Union und für Wirtschaft und Energie sowie stellvertretendes Mitglied im Ausschuss für Umwelt, Naturschutz, Bau und Reaktorsicherheit.

Am 27. Januar 2018 wurde Baerbock dann zusammen mit Robert Habeck zur Parteivorsitzenden gewählt,[127] um auf dem Parteitag vom 16. November 2019 im Duo mit Habeck für zwei weitere Jahre im Amt bestätigt zu werden.[128] Zwar ist Robert Habeck beim Volk beliebter, doch Annalena Baerbock ist diejenige, die die Partei zusammenhält. Selbst Ex-Grünen-Chefin Claudia Roth gibt zu: »Annalena ist die Wurzel unseres Baumes. So manche Blüte von Robert würde ohne sie schnell verwelken.«[129] Anders formuliert: Den Höhenflug verdankt die Partei Habeck, dass dieser anhält, Baerbock.

In ihrem ersten Jahr als Parteichefin mischte sich die »Detailfetischistin«[130] überall ein, hielt anfangs jede Rede und wollte sogar die Slogans für Wahlplakate in den Ländern mitbestimmen, bis der Geschäftsführer sie bat, das zu lassen. Sogar dem SPIEGEL fiel auf: »Bei der Bundesfrauenkonferenz der Grünen vergangenen September wurde sie so laut, dass sich eine Grüne zu ihrer Sitznachbarin drehte: ›Was schreit die denn so?‹ Baerbock spricht schnell, zu schnell. Manchmal verhaspelt sie sich. […] In Talkshows fängt sie manchmal an zu kieksen, weil sie vor Aufregung nicht richtig atmet.«[131] Doch Habeck schwärmt: »Ich bin nicht ein einziges Mal enttäuscht worden. Ich lerne von Annalena in hohem Maße.«[132] Überdies habe sie eine »Wertekonsequenz«, die er »bewundere«. »Schwächen? Da fallen mir keine ein.« Dann aber doch: »Manchmal will sie zu viel auf einmal.«[133] Auch Agnieszka Brugger, der stellvertretenden Fraktionsvorsitzenden der Grünen, fällt »partout nichts Negatives über Annalena«[134] ein. Bei all der Lobhudelei, sagt Habeck, seien sie aber keine Freunde, sondern eher politische Vertraute: »Wir rufen uns an oder schreiben, wenn wir Rat suchen, wir helfen uns aus der Klemme.«[135]

Und doch hat Baerbock gegen grüne Grundsätze verstoßen, als es um eine Regierungsbeteiligung der Grünen in Hessen ging. Denn in einem Interview mit der *Süddeutschen* vertrat sie eine für ihre Partei ungewöhnliche Position[136], indem sie forderte, »straffällige Asylbewerber, die unsere Rechtsordnung nicht akzeptieren und vollziehbar ausreisepflichtig sind«, schneller abzuschieben. Doch es ging um Macht, und diese Formulierung half den hessischen Grünen bei ihren Koalitionsverhandlungen mit der CDU eben weiter. Seither sitzen die Grünen in der hessischen Regierung und stellen dort den Wirtschaftsminister, Integrationsminister, die Wissenschafts- und die Umweltministerin.[137] Baerbock selbst verteidigte ihren Verrat an den Standpunkten der Grünen damit, dass man eben »einen Preis zahlen«[138] müsse.

Am 19. April 2021 wurde Baerbock dann vom Bundesvorstand der Grünen als Kanzlerkandidatin vorgeschlagen und auf dem Parteitag am 19. Juni 2021 von den Delegierten als solche bestätigt. Robert Habeck, der »Mann«, musste, ob er wollte oder nicht, in die zweite Reihe treten. Damit ist Annalena Baerbock, die »Frau«, (fast) am Ziel ihrer Träume.

Kapitel 3

Annalena Baerbock privat

Wer ist ihr Ehemann?

Annalena Baerbock ist seit 2007 mit dem 8 Jahre älteren Daniel Holefleisch verheiratet.[139] Sie haben zwei Töchter im Alter von 5 und 9 Jahren und leben in Potsdam. Da Daniel Holefleisch nicht häufig in den Vordergrund tritt, macht es Sinn, sich mit diesem Mann an Annalena Baerbocks Seite zu beschäftigen.

Dass er die politische Richtung seiner Frau teilt, verwundert nicht. So war er in der Parteizentrale der Grünen für die Unternehmenskommunikation tätig und hatte dort die Aufgabe, Kontakte und Gespräche zwischen Unternehmen, Wirtschaftsvertretern und dem grünen Bundesvorstand zu organisieren. 2011 moderierte er für die Grünen im Berliner Wahlkampf das Projekt »3-Tage-wach«.[140] Daniel Holefleischs Vater Ulrich ist seit 2000 grüner Bürgermeister von Göttingen,[141] sein Bruder Felix war 12 Jahre lang Fraktionsgeschäftsführer der Grünen in Bremen.[142]

Mittlerweile hat Daniel Holefleisch jedoch den Beruf gewechselt und arbeitet seit dem 15. Februar 2017 für die Deutsche Post DHL Group als Senior Expert Corporate Affairs in Berlin. Laut seinem Berufsprofil auf *politik-kommunikation.de* war er von 2006 bis 2017 Vorstandsreferent im Bereich Wirtschaftsdialog und von 2004 bis 2006 Referent für Sponsoring und Unternehmensspenden für BÜNDNIS 90/DIE GRÜNEN sowie von 2001 bis 2002 Geschäftsführer der Politikfabrik, einem Verein zur Förderung der politischen Bildung, der sich aus einem Projekt der Freien Universität Berlin entwickelt hat.

Seit er bei der DHL Group arbeitet, betreut er »von der Berliner Konzernrepräsentanz aus [...] unter anderem die Politikfelder E-Commerce, Datenschutz, Finanzen und Human Resources. [...] In der neu zugeschnittenen Position wird Holefleisch an den Leiter der Ber-

liner Konzernrepräsentanz, Oliver Röseler, berichten.«[143] Postchef
Frank Appel macht sich Daniel Holefleischs langjährige Erfahrung in
der grünen Parteizentrale und seine damit einhergehenden Kontakte
zunutze, um sein Unternehmen in zeitgemäß ökologischere Fahrwas-
ser zu bringen, und hat infolgedessen »laut aktuellen Berichten angekündigt, eine grünere Zukunft anzustreben und dementsprechend in
die Logistik zu investieren«.[144] Baerbock ist also mit einem »Lobbyisten« verheiratet, wie es die *taz*[145] formulierte. Obwohl es eigentlich
gegen die Grundsätze der Grünen ist, ihre parteipolitischen mit ökonomischen Interessen zu verbinden, kommt dies doch immer wieder vor.[146] So zog es beispielsweise »den grünen Staatssekretär Volker
Ratzmann 2020 aus der baden-württembergischen Landesvertretung
ebenfalls zur DHL, seine Frau Kerstin Andreae tauschte Ende 2019
ihr Amt als wirtschaftspolitische Sprecherin der Grünen im Bundestag mit dem der Hauptgeschäftsführerin des Verbands der Energie-
und Wasserwirtschaft«.[147]

In seinem Privatleben folgt Daniel Holefleisch begeistert dem SV
Werder Bremen und wird zu seinem Stolz sogar regelmäßig »mit
dem berühmten deutschen Trainer Jürgen Klopp verwechselt«. Nicht
nur brachte ihm seine physiognomische Ähnlichkeit mit Letzterem
»den Spitznamen ›Grünen-Kloppo‹ ein«, sondern bereits vor 10 Jahren antwortete er auf die Frage, ob er das Amt des Bundestrainers
dem des Bundeskanzlers vorziehen würde, in seinem berühmten
»Kloppo-Interview« klar und deutlich: »Bundestrainer!«[148]

Ist Baerbock eine gute Mutter?

Seitdem Annalena Baerbock 2017 für den Parteivorsitz der Grünen
kandidierte, beschäftigte sie sich mit der Frage, wie sie den Politikbe-
trieb mit der Familie vereinbaren könne, und räumte ein: »Klar ist:

Ich werde nicht rund um die Uhr da sein können und es muss trotzdem gehen.«[149] Baerbock will also, den Karrierevorstellungen der grünen Feministinnen entsprechend, Spitzenpolitikerin und Mutter zugleich sein, was die Journalistin Susanne Beyer im SPIEGEL als »Karrierefeminismus«[150] hinterfragt. Baerbock hingegen schreibt in ihrem Buch von einem »modernen Feminismus«[151], wie er dem Bild vieler Grünen entspricht: Die Ehepartner teilen sich die häuslichen Aufgaben sowie die Kinderbetreuung, gegebenenfalls aber hütet auch der Mann die Kinder, während die Frau sich vorwiegend um ihre Karriere kümmert. Bereits in den Wahlkampfvorbereitungen und gleichzeitig noch mit den Auswirkungen der Corona-Maßnahmen kämpfend, sagte Baerbock der FÜR SIE: »Die Doppelbelastung aus Arbeit und Homeschooling schlägt wieder voll zu – das schultert vor allem mein Mann.«[152] Des Weiteren antwortete sie auf die Frage, was ihre Kinder zu ihrer Kanzlerkandidatur sagen: »Meine Kinder sind damit groß geworden, dass ich im Bundestag bin. Wir haben eine klare Aufteilung, wer die Brote schmiert.«[153] Wie sich das auf die Kinder der Familie Baerbock auswirken wird, bleibt abzuwarten.

Dass die Frage der Emanzipation »eine Rolle bei der Entscheidung gespielt«[154] habe, sie als grüne Kanzlerkandidatin zu nominieren, bestätigte sie, betonte aber, dass sie bereits bei ihrer Wahl zur Grünen-Chefin vor 3 Jahren gesagt habe: »Ich werde weiterhin Mutter bleiben, auch als Spitzenpolitikerin.«[155] Sie ergänzte: »Meine Kinder wissen, wo mein Zuhause und mein Herz ist, und meine Familie unterstützt mich voll und ganz dabei.«[156] Bei einem Wahlsieg würde sich ihr Ehemann voll um die Kinder kümmern, denn

die Verantwortung des Kanzlerinnenamtes bedeutet, Tag und Nacht zur Verfügung zu stehen. Das kann ich auch deshalb, weil mein Mann in dem Fall voll Erziehungszeit nehmen würde. [...] Mein Mann übernimmt die volle

Verantwortung und Arbeit zuhause. Schon die letzten Jahre hat er seine Stunden im Job reduziert, weil ich oft frühmorgens aus dem Haus gehe und in der Nacht nach Hause komme.[157]

Dominant ergänzte sie: »Wenn ich ein Regierungsamt annehme, ist ganz klar, dass mein Mann seine Arbeit dort [bei der DHL/MGR] so nicht fortführen wird.«[158] Damit scheint das letzte Wort gesprochen zu sein, und wir können nur vermuten, wer in dieser Familie das Sagen hat. Baerbock gibt mit dieser Einstellung den feministischen Standpunkt wieder, nachdem Familie und Karriere vereinbar sein müssen. Die Frage ist, auf wessen Kosten das geht. Aus konservativer Sicht jedenfalls, die traditionellen Wertvorstellungen verpflichtet ist, dürfte Baerbock keine Vorzeigemutter sein.

Denn dabei darf die Vermittlung von Werten und Moral nicht fehlen und spielt durchaus auch die Religion eine Rolle. Dass Baerbock nicht gläubig ist, obwohl sie Mitglied der evangelischen Kirche ist, gibt sie selbst zu: »Ich bin nicht gläubig, aber trotzdem in der Kirche, weil mir die Idee des Miteinanders extrem wichtig ist.«[159]

Kapitel 4

Was Baerbock tatsächlich verdient

Annalena Baerbock gilt bei unbedarften und uninformierten Wählern als »einfache« junge Frau und erringt dadurch mehr Sympathiepunkte als die angeblich »satt« alimentierten, gutverdienenden Vertreter des Establishments. Allerdings wissen diese Wähler nicht, dass die Grüne Kanzlerkandidatin längst bei den Spitzenverdienern angekommen ist. Nach ihren eigenen Angaben erhält Annalena Baerbock – wohlgemerkt **monatlich** – folgende Bezüge:

10 083,47 € (Abgeordneten-Diät)
4 418,98 € (Amtsausstattung als Aufwandsentschädigung,
              Details siehe unten)
1 000,00 € (Büroausstattung)[160]

Hinzu kommen folgende Leistungen:
► Kostenlose Amtsausstattung als Aufwandsentschädigung (in ihrem Fall: für ihr Büro am Bundestag in Berlin zwei Computer und ein Laptop, für die beiden Wahlkreisbüros jeweils ein Computer und ein Drucker sowie ein Laptop, ein Drucker, ein Telefon, ein Faxgerät und die nötige Möblierung)
► Bereitstellung eines eingerichteten Büros am Sitz des Deutschen Bundestages in Berlin sowie die Nutzung der dortigen Kommunikationssysteme (Telefon, Internet, E-Mail, Software).[161]

Was die anfallenden Kosten für ihre Website betrifft, so präzisiert Baerbock, diese würden seit ihrer »Wahl zur Bundesvorsitzenden von BÜNDNIS 90/DIE GRÜNEN […] nicht mehr über den Deutschen Bundestag abgerechnet«.[162] Als Altersentschädigung erhalten Bundestagsabgeordnete für jedes Jahr der Mitgliedschaft je 2,5 Prozent der Abgeordnetenentschädigung bis zu einer Höchstgrenze von 67,5 Prozent, diese muss allerdings voll versteuert werden. Von der Zahlung der Mandatsträgerbeiträge an ihre Partei (normalerweise 19 Prozent vom Bruttoeinkommen abzüglich Kinderfreibeträge) ist

Baerbock als Bundesvorsitzende von BÜNDNIS 90/DIE GRÜNEN befreit.[163]

Wie oben schon erwähnt, beläuft sich die sogenannte »Kostenpauschale« oder »Amtsausstattung« derzeit auf 4418,98 Euro monatlich und wird jährlich angepasst. Von dieser Summe müssen alle mandatsbedingten Ausgaben bestritten werden. Das beinhaltet unter anderem:

▶ Miete und Nebenkosten meiner zwei Wahlkreisbüros
   in Potsdam und Frankfurt (Oder),
▶ Einrichtung meiner zwei Wahlkreisbüros
   in Potsdam und Frankfurt (Oder),
▶ Fahrten im Wahlkreis
   (bei mir das gesamte Bundesland Brandenburg),
▶ Büromaterial,
▶ Porto,
▶ Telekommunikation,
▶ Bezug regionaler Zeitungen,
▶ Telefonkosten für Diensttelefone meiner Mitarbeiter*innen,
▶ Reisekosten (Hotel, Taxi, PKW),
▶ Veranstaltungen,
▶ Flyer und Broschüren im Wahlkreis
▶ …«[164]

Weil viele dies nicht wissen, führe ich es hier an: Die Kostenpauschale wird bei Nichtanwesenheit gekürzt. Bei unentschuldigtem Fehlen an einem Sitzungstag mit Plenum werden 200 Euro, an Sitzungstagen ohne Plenum 100 Euro abgezogen. Auch bei entschuldigtem Fehlen – zum Beispiel wegen Krankheit – gibt es einen Abzug von 100 Euro pro Sitzungstag. Beim Verpassen einer namentlichen Abstimmung werden von der Aufwandspauschale ebenfalls 100 Euro abgezogen.[165]

Zur Ausübung ihres Mandats erhalten Abgeordnete Leistungen, die dazu bestimmt und geeignet sind, sie bei ihrer parlamentarischen Arbeit zu unterstützen. Hierzu gehören auch die Bereitstellung eines eingerichteten Büros am Sitz des Deutschen Bundestages in Berlin sowie die Nutzung der Kommunikationssysteme (Telefon, Internet, E-Mail, Software).[166]

»Versehentlich« vergessene Einnahmen

Doch Baerbock hatte ein »kleines« Problem damit, ihre Einnahmen korrekt anzugeben, und meldete Mitte Mai 2021 dann Einkünfte in Höhe von rund 25 000 Euro (!) nach, die »versehentlich« (!) vergessen wurden. Stellen Sie sich vor, was los wäre, wenn Sie als Steuerzahler »versehentlich« vergessen würden, einen Teil Ihrer Einkünfte anzugeben!

Die *Welt* berichtete: »In den Jahren 2018 bis 2020 erhielt die heutige Grünen-Kanzlerkandidatin Annalena Baerbock Sonderzahlungen ihrer Partei, ohne sie beim Bundestag anzugeben. Die Nebeneinkünfte meldete sie laut der Partei selbstständig nach – zu einer Zeit, als das Thema im Bundestag gerade hitzig debattiert wurde.«[167] Genau gesagt gehe es dabei, so heißt es weiter, »um einen Betrag von 25 220 Euro, der sich aus vier Zahlungen der Partei an Baerbock zusammensetze. […] Baerbock holte die Angabe der Einkünfte im März 2021 eigenständig nach, ›nachdem ihr und der Bundesgeschäftsstelle der Partei aufgefallen war, dass dies versehentlich noch nicht erfolgt war‹, so Parteichefin Nicola Kabel zur ›Bild‹. ›Frau Baerbock wurde nicht durch die Verwaltung des Bundestages dazu aufgefordert‹. […] Ein Gehalt als Parteivorsitzende erhält Baerbock laut Grünen-Satzung nicht, da sie ein Bundestagsmandat innehat. Sonderzahlungen seien laut Sprecherin Kabel aber üblich.« So bekam Baerbock laut *Welt-*

Informationen 2018 6789 Euro als Weihnachtsgeld, im Folgejahr 9296 Euro anlässlich des Erfolges der Grünen bei der Europawahl. 2020 betrug die Sonderzahlung zu Weihnachten 7636 Euro. Dazu kam eine coronabedingte Sonderzahlung von 1500 Euro.[168]

Überraschenderweise ging die *Welt* auch auf die Doppelmoral der Grünen, hier in Person der Kanzlerkandidatin, ein: »Baerbock übte scharfe Kritik an anderen Politikern. Zuvor waren mehrere Fälle bekannt geworden, in denen sich Unionspolitiker mit der Beschaffung von Schutzmasken in der Corona-Pandemie und dubiosen Kontakten nach Aserbaidschan Zusatzverdienste gesichert hatten. Baerbock kritisierte das Verhalten der Politiker damals scharf: ›Es ist seit Jahren – um nicht zu sagen Jahrzehnten – offensichtlich Usus bei etlichen Abgeordneten dieser beiden Parteien, dass es zum Mandat dazugehört, darüber auch reichlich Nebeneinkünfte beziehen zu können.‹«[169]

Der Spiegel sprach sogar von »Wahrheit in Häppchen« und davon, dass das Bild, das die Grünen abgeben, in »offensichtlichem Widerspruch zu den eigenen politischen Forderungen«[170] stehe: »Mehrere Jahre lang hatte Baerbock versäumt, den Bundestag Einkünfte aus ihrer Parteiarbeit zu melden. Dabei war sie dazu verpflichtet. Am 30. März [2021/MGR] reichte sie die Angaben für drei Jahre nach, ohne das anderweitig öffentlich zu machen, ohne Mitteilung, ohne Erklärung.«[171]

Hat Baerbock gelogen? Auf ihrer eigenen Website stand bis Mai 2021 jedenfalls noch nichts von den Zahlungen, dafür aber (Hervorhebung vom Verfasser): »Meinen Anzeigepflichten gegenüber dem Präsidenten des Deutschen Bundestages entsprechend den Verhaltensregeln für die Mitglieder des Deutschen Bundestages bin ich vollumfänglich nachgekommen.«[172] Wie die Nachmeldung von Einkünften über 3 Jahre hinweg belegt, stimmt dies aber nicht. Insgesamt waren über diesen Zeitraum zusätzlich zu den mehr als 100 000 Euro, die sie pro Jahr als Abgeordnete verdient, 25 220 Euro von der Parteikasse der Grünen auf Baerbocks Konto geflossen.[173] Als es nicht mehr anders ging, kamen analog zu ihrem »frisierten« Lebenslauf sofort wieder scheinheilige Ausreden: »Das war ein blödes Versäumnis. Und klar, ich habe mich darüber selbst wahrscheinlich am meisten geärgert. Als es mir bewusst wurde, habe ich es sofort gemeldet.«[174]

Jost Müller-Neuhof schrieb im *Tagesspiegel*: »Artikel 38 Grundgesetz bestimmt, dass Abgeordnete ›Vertreter des ganzen Volkes‹ sind, aber gerade nicht Vertreter einer Partei. Entsprechend handelt es sich bei den Sonderzahlungen für ihre Parteidienste als Vorsitzende durchaus um ›Einnahmen von Dritten‹. Und genau deshalb sind sie als Nebeneinkünfte neben dem Mandat anzeigepflichtig. Die Politikerin hat Volk mit Partei verwechselt.«[175]

Sandra Maischberger fühlte Baerbock in ihrer Sendung auf den Zahn. Die BILD hat den äußerst interessanten Dialog aufgezeichnet, der noch einmal Baerbocks Charakter beschreibt:

> *Maischberger:* »*Sie haben es nachgemeldet, aber nicht der Öffentlichkeit, sondern erst, als die BILD-Zeitung es gemeldet hat.*«
> *Baerbock:* »*Das stimmt so nicht! Ich habe es dem Bundestagspräsidenten gemeldet, bei dem musste ich das auch melden, hatte vorher alles dem Finanzamt gemeldet, also korrekt versteuert, es hat sich nicht um Einnahmen von Dritten gehandelt, sondern um Geld von meiner Partei [...]*«
> *Maischberger:* »*Die BILD-Zeitung hat es öffentlich gemacht, und dann erst haben Sie [...]*«

> *Baerbock:* »*Es war öffentlich, weil, der Bundestag meldet das dann ja auf den Webseiten, und bei Abgeordnetenwatch war das ja auch entsprechend ausgewiesen [...]*«
> *Maischberger:* »*Sie hätten ja auch in die Offensive gehen können.*«
> *Baerbock:* »*Natürlich ist man hinterher rückblickend immer klüger, aber ich habe das selber gemeldet und das auch selber transparent öffentlich gemacht.*«[176]

Die nächste Frage stellte die Grüne sich lieber gleich selbst:

> »*Ja, da kann man jetzt sagen: Warum haben Sie nicht selber eine Pressemeldung herausgegeben?*«
> *Maischberger:* »*Auf Facebook, auf Twitter, auf Instagram*«.
> *Baerbock:* »*Aus Fehlern lernt man.*«[177]

Auch hier fragte Maischberger nach, und auch hier war die Ausrede der Grünen lahm:

> *Baerbock:* »*Ich habe mich natürlich selbst über meinen Fehler tierisch geärgert. Das Weihnachtsgeld, das ich von meiner Partei bekommen habe – nicht von Dritten, also anders als bei den Maskengeschäften – habe ich in all den Jahren immer korrekt versteuert!*« Doch leider, so Baerbock, »*hatte ich nicht auf dem Schirm, dass ich das Weihnachtsgeld meiner Partei auch an den Bundestagspräsidenten hätte melden müssen.*«[178]

Sie hatte es also »nicht auf dem Schirm«, dass man Nebeneinkünfte dem Bundestag melden muss. Diese simplen verwaltungstechnischen Vorgaben sollte eine Kanzlerkandidatin aber kennen, die in das (nach dem Bundespräsidenten) zweithöchste Amt der Bundesrepublik Deutschland gewählt werden möchte.

Zum »Weihnachtsgeld« der Grünen stellte Maischberger fest: »Das hat der Bundesvorstand der Grünen beschlossen, auch in der Höhe. Sie haben sich das Weihnachtsgeld also selber genehmigt.«[179] »Ja«, musste die grüne Kanzlerkandidaten notgedrungen zugeben, zeigte aber reflexartig auf andere: »Weil wir, anders als andere, Parteivorsitzenden, die auch im Bundestag sind, kein Gehalt zahlen. Wir nehmen auch keine Einnahmen von Dritten ein.«[180] Eine Aussage, die ich weiter unten relativieren werde.

Sogar *Der Spiegel* fragte sich: »Wofür brauchen gutverdienende Grünenchefs Weihnachtsgelder in Höhe von 6789, 7636 und 9296 Euro?«[181] Doch Baerbock-Verteidiger wie die Antikorruptionsorganisationen Transparency International und Lobbycontrol waren schnell zur Stelle mit dem Argument, man müsse berücksichtigen, dass es keinen Interessenskonflikt gegeben habe, weil Baerbock ja »nur« Geld von ihrer eigenen Partei bekommen habe, deren Interessen sie sowieso vertrete.[182] Mit dieser Schönrednerei haben sich die beiden angeblichen Antikorruptionsorganisationen in meinen Augen selbst disqualifiziert. Allerdings kennt auch die SPD dieses doppelte Absahnen: Deren Vorsitzende Saskia Eskens ebenso wie Co-Vorsitzender Norbert Walter-Borjans erhalten zusätzlich zu ihren üppigen Diäten monatlich (!) noch 9000 Euro von der Partei.[183]

Doch was die Finanzen anbelangt, poppte noch mehr auf bei der Kanzlerkandidatin der Grünen. Wie bereits angesprochen, zahlten die satt alimentierten Ökos wie an alle Mitarbeiter und Mitarbeiterinnen der Grünengeschäftsstelle und den Bundesvorstand auch an die Vorsitzende Baerbock eine »Corona-Sonderzahlung« von 1500 Euro im Jahr 2020.[184] Der Tech-Unternehmer Frank Thelen machte Baerbock daraufhin in der Sendung *maischberger. die woche* den Vorschlag, sie solle doch einfach die 1500 Euro an »Ein Herz für Kinder« spenden, in dem Fall würde er die gleiche Summe noch mal drauflegen.[185]

Baerbock reagierte darauf völlig undiplomatisch: »Das ist gerade aber nicht meine Haltung, dass ich sage, ich habe einen Fehler gemacht, und jetzt verdeale ich mal was, und jemand anders legt noch mal was obendrauf! Sondern ich habe sehr deutlich gemacht, dass es mir sehr, sehr Leid tut! […] Ich spende immer zum Ende des Jahres einen erheblichen Teil von meinen Sonderzahlungen auch an Kinder, an Familien. Aber ich halte jetzt nichts davon: Ich wasche mich rein, indem ich hier auf einen Deal einsteige, sondern ich stehe an dieser Stelle zu meinen Fehlern und spende weiterhin, so wie ich das auch in den vergangenen Jahren gemacht habe!«[186] Das ist Baerbock live! Wenn man sie erwischt, gibt es erst Ausreden, dann Beteuerungen, dann irgendwann (vielleicht) eine Einsicht.

In einem Interview mit der BILD relativierte Baerbock den grünen Corona-Bonus: »Das galt für alle Angestellten, gerade für die Mehrbelastung, die man durch Homeschooling und Homeoffice zu Hause hatte. […] Rückblickend muss ich sagen, das hätten wir anders entscheiden müssen. Ich stehe an dieser Stelle zu meinem Fehler. […] Das hätten wir so nicht machen sollen.«[187] Fehler über Fehler, die Baerbock zugeben musste.

Mit dem zumindest fragwürdigen Umgang mit ihren Einnahmen ist Baerbock in ihrer Partei jedoch nicht alleine. Bereits 2014 fiel ihr Fraktionsvorsitzender Anton Hofreiter durch Unregelmäßigkeiten auf. Die *Welt* schrieb damals: »Grünen-Fraktionschef hinterzieht jahrelang Steuern«[188]. Was steckte dahinter? Hofreiter hatte jahrelang keine Steuern für seine Zweitwohnung in Berlin abgeführt,[189] da er bei der Anmietung seiner Wohnung in Berlin 2005 »versäumt« hatte, das Appartement ordnungsgemäß als Zweitwohnung zu melden. Nach den Regeln des Berliner Meldegesetzes hätte der 2005 in den Bundestag eingezogene Politiker seine Zweitwohnung aber beim Einwohnermeldeamt innerhalb von 2 Wochen angeben[190] und laut kommunaler Abgabenordnung 5 Prozent der Miete für die Wohnung abführen müssen. Hofreiter zahlte dann 2475 Euro nach. Heraus redete sich der Grüne, indem er sein Steuervergehen als Versehen verharmloste: »Ich bin sehr zerknirscht, dass ich die Anmeldung dann einfach aus den Augen verloren habe. [...] Ich bedaure meinen Fehler sehr und entschuldige mich dafür.«[191] Die damalige FDP-Generalsekretärin Nicola Beer kritisierte Anton Hofreiter scharf: »Höhere Steuern fordern und dann selbst keine zahlen, das ist die Doppelmoral der Grünen.«[192] Besser kann man es wohl nicht ausdrücken.

Kapitel 5

»Unsere« Kanzlerkandidatin

Wissen ist Macht,
nichts zu wissen macht auch nichts

Gleich nach der Verkündigung von Baerbock als Kanzlerkandidatin ergingen sich Mainstream-Medien und Politikexperten in nahezu hysterischem Lob und Anerkennung für die Grüne. Beispielsweise Professor Dr. Volker Kronenberg, Dekan der Philosophischen Fakultät am Institut für Politische Wissenschaft und Soziologie der Universität Bonn, sowie der Journalist Gerd-Joachim von Fallois, die Baerbock reflexartig attestierten, sie sei »überaus kompetent«[193].

Das kann ich nicht unterschreiben, denn ich erinnere mich an Baerbocks Schenkelklopfer (es war nicht der erste!), als sie zu einem wichtigen Rohstoff für Akkus die Frage stellte, »Kobold – wo kommt das eigentlich her? Wie kann das recycelt werden?«, und weiter ausführte, dass es auch »Batterien gebe, die auf Kobold verzichten können«.[194] Sie verwechselte tatsächlich »Kobold« (einen Natur- oder Hausgeist) mit »Kobalt« (einem Metall).

Eine weitere Kostprobe ihrer vermeintlichen Kompetenz gab Baerbock bei Maybritt Illner: »Deutschland hat eine Pro-Kopf-Emission von 9 Gigatonnen pro Einwohner. Das ist zehnmal mehr wie in Bangladesch zum Beispiel.«[195] Doch richtig ist, dass die Pro-Kopf-CO_2-Emissionen pro Jahr rund 9 Tonnen und nicht 9 Gigatonnen betragen. Laut Baerbock wäre die Emission pro Einwohner in Deutschland also eine Milliarde Mal höher!

Hier weitere Beispiele von Baerbocks hochgelobter »Kompetenz«:

▶ »In einem Interview mit dem Blogger Tilo Jung sprach sie von der ›UN-Charta als höchstes Gremium‹.«[196] **Richtig ist:** Die UN-Charta ist kein Gremium, sondern ein Dokument.

▶ In der *Welt* verkündete sie am 9. August 2019: »Und solange wir keinen vernünftigen Preis für CO_2 haben, wird der Hochofen der Zukunft nicht in Duisburg, Salzgitter oder Eisenhüttenstadt gebaut.«[197] **Richtig ist:** An keinem dieser Standorte werden Hochöfen gebaut.

▶ Zum 10. Jahrestag der Reaktorkatastrophe von Fukushima am 11. März 2021 twitterte sie: »Zeit innezuhalten und an die vielen Menschen zu denken, die durch das Unglück zu Schaden gekommen sind oder ihr Leben verloren haben. Es ist beruhigend, dass Deutschland nächstes Jahr aus der Hochrisikotechnologie Atomkraft aussteigt.«[198] **Richtig ist:** Die Reaktorkatastrophe in Fukushima 2011 führte nicht zum Verlust vieler Menschenleben, zum Zeitpunkt des Unglücks schon gar nicht. »Im Jahr 2018 starb ein früherer Mitarbeiter des Kraftwerks an Krebs. Er gilt als das einzige Fukushima-(Langzeit)-Strahlenopfer.«[199]

▶ Im Deutschen Bundestag sprach Baerbock Anfang Mai 2021 sogar davon, dass die Sozialdemokratie die »Wegbereiterin« der sozialen Marktwirtschaft gewesen sei. **Richtig ist:** Es war die Union und ihr damaliger Wirtschaftsminister Ludwig Erhard, die mit dem Slogan »Wohlstand für alle« das Wirtschaftswunder der Nachkriegszeit einläuteten.[200] So viel politische Unwissenheit ist nicht einmal von einem Abiturienten zu erwarten.

▶ In einem Tweet zur sozialen Gerechtigkeit von Klimamaßnahmen sagte Baerbock: »Menschen mit geringem Einkommen verbrauchen meist weniger CO_2.«[201] **Richtig ist:** Menschen verbrauchen überhaupt kein CO_2, sie stoßen es aus.

Angesichts der Häufigkeit solcher Aussagen kann man nicht mehr sagen, es seien nur »Versprecher« gewesen. So viel Inkompetenz hat intellektuelle Gründe. Im Übrigen verstehen meiner Ansicht nach viele Spitzenpolitiker der Grünen weder etwas von den Technologien, die sie verbieten, noch von denen, die sie fördern wollen.

So verwechselte das grüne Urgestein Cem Özdemir Gigawatt mit Gigabyte: »Im Spitzenlastbereich [...] dann, wenn der Energieverbrauch am höchsten ist in Deutschland, das ist ungefähr mittags zwischen 11 und 12, verbrauchen wir etwa 80 Gigabyte. Wir produzieren aber ungefähr 140 Gigabyte, das heißt, das Anderthalbfache dessen haben wir immer noch übrig, was wir brauchen.«[202] (Hervorhebungen d. d. Autor) **Richtig ist:** Energie wird nicht in Byte, sondern Watt gemessen. Es geht bei Energie bzw. Strom um Leistung und Verbrauch und nicht um Datenmengen.

Und Anton Hofreiter, Vorsitzender der Grünen-Bundestagsfraktion setzte noch einen drauf: »Und obwohl sich die Bundesregierung zum Klimaschutz verpflichtet hat, wird sie ihr selbst gesetztes Klimaschutzziel 2020 krachend verfehlen. Noch haben wir deutlich die Chancen, deutlich unter 2 **Prozent** zu bleiben. Deshalb schlagen wir Ihnen vor, den Klimaschutz im Grundgesetz zu verankern.«[203] (Hervorhebung d. d. Autor) **Richtig ist:** Es geht um das Zwei-Grad-Ziel, also um 2 Grad Celsius und nicht um 2 Prozent. So viel zur »Kompetenz« der Öko-Spitzenpolitiker.

Baerbock bleibt, wenn es inhaltlich heikel wird, oft vage. »Wo sie konkret werden müsste, flüchtet sich Baerbock gerne in Binsenwahrheiten«[204], schrieb die *Neue Zürcher Zeitung*. Ich werde darauf in Kapitel 9 noch einmal zurückkommen. Faktensicherheit sieht für mich jedenfalls anders aus. Trotzdem kommt Baerbock häufig neunmalklug daher und will uns belehren. Im Volksmund gibt es zwei bezeichnende Sprichworte für ein solches Verhalten: »Große Klappe, nichts dahinter«. Und: »Erst denken, dann reden.«

Kapitel 6

Wer hat Baerbock »gemacht«?

Das Weltwirtschaftsforum (WEF)

Das Weltwirtschaftsforum ist der Klub der größten global agierenden Konzerne, eine internationale Organisation für öffentlich-private Zusammenarbeit, die sich vor allem auf politischer und geschäftlicher Ebene sowohl regional wie auch global engagiert.[205] Es gibt auch eine Weltwirtschaftsforum-Basis – »Hub« genannt – in Stuttgart[206] sowie in 450 anderen Städten in weltweit 150 Ländern[207]. In der Selbstbeschreibung hört sich das so an: »Das Weltwirtschaftsforum setzt sich für die Verbesserung des Zustands der Welt ein und ist die internationale Organisation für öffentlich-private Zusammenarbeit. Es bindet hervorragende Führungspersönlichkeiten aus der Wirtschaft, Politik, Wissenschaft und Gesellschaft in die Gestaltung globaler, regionaler und branchenspezifischer Programme ein.«[208] Von manchen Medien, so der FAZ, wird das WEF auch »Kaderschmiede der Weltelite« oder »Klub der Weltveränderer«[209] genannt. Und tatsächlich hat das Forum großen Einfluss auf die Weltpolitik – allerdings hinter den Kulissen, was man umgangssprachlich »Strippenzieher« nennt.

Rund tausend Mitgliedsunternehmen bilden das Rückgrat des Forums, stellen das Gros der Teilnehmer und den finanziellen Unterbau. Die Teilnahme am WEF bezieht sich auf Institutionen und nicht auf Personen, außer man ist besonders prominent.[210] Zwar werben dort Politiker gerne für Investitionen in ihrem Land und Konzerne für die Anerkennung als verantwortungsbewusste Corporate Citizen, doch am meisten schätzen die Anwesenden jene Treffen, die am Rande des Forums abseits der Öffentlichkeit möglich sind.[211] Denn hier können sie in der Hoffnung auf profitable Entwicklungen Kontakte aufbauen und pflegen,[212] und da werden auch schon mal »Deals« wie Firmenfusionen oder Regierungsvereinbarungen geschmiedet.[213]

Aus Deutschland ist regelmäßig die Kanzlerin mit einer Handvoll Minister dabei, unter ihnen traditionell die Ressorts Außenpolitik, Wirtschaft und Finanzen. Über die Staatsrepräsentanten hinaus haben jene Personen die beste Chance, eingeladen zu werden, die für das Thema relevant sind und sich auch unterjährig beim Forum engagieren. Demnach ist dieses mehr als nur eine Plattform, denn globale Vernetzung und persönliche Treffen mit vielen Vieraugengesprächen sind heute wichtiger denn je.

Selbstverständlich wird dieser exklusive Klub der Weltveränderer auch kritisiert. Doch in den politisch korrekten Zeiten von heute darf derartige Kritik noch nicht einmal leise geäußert werden, sondern ist von vornherein höchst verdächtig. Dementsprechend stigmatisierte der Grüne Jürgen Trittin im *Spiegel* die Kritiker des WEF als »Antisemiten« und machte klar, was jedem blüht, der es wagt, die Umtriebe und Bündelei des Forums kritisch zu hinterfragen: »Die Rede von der Verschwörung des Weltwirtschaftsforums und den Machenschaften der ›Globalisten‹ ist die moderne Form der angeblichen jüdischen Weltverschwörung.«[214] Im Sinne des »Salonbolschewisten«[215] Jürgen Trittin ist die vorliegende Publikation also ein Verschwörungsbuch und ich, ihr Autor, bin ein antisemitischer Verschwörungstheoretiker. Auf diese Weise soll jegliche Kritik im Keim erstickt werden. Ich mache aber dieses idiotische Spiel nicht mit, sondern antworte mit Fakten.

So stellt sich das WEF die Welt im Jahr 2030 vor

Bereits im November 2016 veröffentlichten die Globalisten des Weltwirtschaftsforums eine Prognose, wie sich die Welt bis zum Jahr 2030 entwickeln könnte:

1. **Es gibt keinen Besitz mehr:**
   Alle Produkte werden zu Dienstleistungen
   Das WEF schrieb: »Ich besitze nichts. Ich besitze kein Auto. Ich
   besitze kein Haus. Ich besitze weder Geräte noch Kleidung.«[216]
   Und weiter: »Einkaufen ist eine ferne Erinnerung in der Stadt des
   Jahres 2030, deren Einwohner [...] sich bei Bedarf leihen, was
   sie brauchen.«[217] Eine besitzlose Welt also, in der alle gleich viel
   oder gleich wenig haben. Karl Marx würde sich freuen.

2. **Weltweiter CO_2-Einheitspreis**
   Nach der Prognose des WEF wird China die Führung über
   den CO_2-Handel übernommen haben und der Welt einen
   einheitlichen CO_2-Preis diktieren. In Europa würde sich stattdessen das Zentrum des Handels mit billigen effizienten
   Solarmodulen befinden.[218]

3. **Die USA werden keine Weltmacht mehr sein**
   Die USA werden ihre einzigartige Rolle in der Welt verlieren.
   Stattdessen wird es »eine Handvoll globaler Mächte« geben,
   und die Nationalstaaten werden ein Comeback erlebt haben. Die
   USA, Russland, China, Deutschland, Indien und Japan werden
   »halb-imperiale Tendenzen« zeigen. Gleichzeitig wird die Rolle
   der Staaten und Regierungen durch die Verbreitung von Online-
   Identitäten bedroht.[219]

4. **Krankenhäuser werden überflüssig**
   Krankheiten sollen durch moderne Medizin und Technologie
   eingedämmt werden, Krankenhäuser, wie wir sie kennen,
   hingegen Geschichte sein. Skalpelle und Organspenden sollen
   der Vergangenheit angehören, während winzige Roboter und
   biotechnologisch erzeugte Organe die Menschen heilen sollen.[220]

5. Wir werden viel weniger Fleisch essen
Ähnlich wie unsere Großeltern werden wir Fleisch als Delikatesse und nicht mehr als Grundnahrungsmittel behandeln. Aus einem gesteigerten Bewusstsein für Umweltbelange und für nachhaltigere Landwirtschaft sollen die Menschen der Zukunft viel weniger Fleisch essen.[221]

6. Flüchtlinge werden in Führungspositionen sein
Die syrischen Flüchtlinge von heute werden die CEOs von 2030 sein. Außerdem werden aufgrund des Klimawandels bis dahin eine Milliarde Menschen auf der Flucht sein.[222]

7. Die westlichen Werte werden auf die Probe gestellt [223]

8. Menschen auf dem Mars
In den 2030er-Jahren werden wir wahrscheinlich Beweise für außerirdisches Leben auf dem roten Planeten entdecken und fähig sein, Menschen dorthin zu befördern.[224]

Das ist also die Welt der Zukunft, wie sie sich das WEF vorstellt.

Baerbock-Unterstützung durch das Weltwirtschaftsforum

Trittin und seinen Konsorten in Sachen Meinungs**un**freiheit zum Trotz stelle ich die berechtigte Frage: Ist Annalena Baerbock, die grüne Kanzlerkandidatin, nicht etwa das Produkt eines Elite-Nachwuchsprogramms des WEF, des »Politbüros des Kapitalismus« und der Großkonzerne? Ausgerechnet eine Frau, die eine Partei anführt, die ideologisch noch im Kommunismus verwurzelt zu sein scheint und bis heute ein schwammiges Verhältnis zu Extremismus und linker Gewalt hat? Das klingt natürlich nach Verschwörungstheorie und würde dem grün-linken Kampfdogma gegen das Großkapital vehement widersprechen. Und doch scheint etwas an dieser Behauptung dran zu sein. Ich werde im Folgenden Indizien darlegen, der Leser kann sich danach sein Urteil selbst bilden:

Das Weltwirtschaftsforum kümmert sich auch darum, »dass künftige politische Führungskräfte [...] bereit sind, Verantwortung zu übernehmen. Sie bekommen von der Konzernlobby eine entsprechende Ausbildung.«[225] Das gilt auch für Annalena Baerbock. Genauso wie einst Angela Merkel wurde Baerbock nämlich vom Weltwirtschaftsforum zur »Young Global Leader«[226] gekürt. Auf entsprechender Website heißt es: »The Forum of Young Global Leaders is a community of innovators from diverse backgrounds and experiences [Das Forum of Young Global Leaders ist eine Gemeinschaft von Innovatoren unterschiedlicher Herkunft und Erfahrung].«[227] Immerhin 712 Young Global Leaders aus 114 Ländern werden so vom Elite-Klub betreut:

► 28 Prozent aus Nordamerika
► 26 Prozent aus Europa und Russland
► 15 Prozent aus Afrika
► 11 Prozent aus dem Asien-Pazifischen Raum
► 7 Prozent aus Südamerika
► 7 Prozent aus Südasien
► 6 Prozent aus China.[228]

Zu Baerbocks deutschen[229] »Klassenkameraden«[230] gehört beispielsweise Ludovic Subran, Chefvolkswirt bei der Allianz; er leitet also die »Wirtschaftsforschung beim größten Versicherer und Investor in Europa. Er hat die Politik in über 30 Ländern mitgestaltet und beeinflusst als Vorstandsmitglied mehrerer Organisationen.«[231]

Auch die preisgekrönte Anwältin **Anahita Thoms** gehört dazu. »Sie leitet die internationale Handelspraxis von Baker McKenzie in Deutschland und ist Mitglied des regionalen Lenkungsausschusses der Compliance & Investigations Group der Kanzlei für Europa, den Nahen Osten und Afrika. Sie ist eine regelmäßige Rednerin und Moderatorin zu verschiedenen Themen, wie Handel, Nachhaltigkeit, Ethik und KI. Anahita engagiert sich für die Gesellschaft und setzt sich leidenschaftlich für die Menschenrechte und den Kampf gegen moderne Sklaverei ein. Sie ist die Mitbegründerin der Initiative United Against Modern Slavery.«[232]

Ebenso ist Fabio Ziemssen an der Seite Annalena Baerbocks zu finden. Er »arbeitet seit einem Jahrzehnt an der Spitze der Food-Tech-Entwicklung in Deutschland und Europa, um ein starkes Ökosystem für Innovatoren, Visionäre und Gründer zu schaffen«.[233]

Unter den bekannten Namen der Young Global Leader im Jahr 2020 finden sich auch die von **Alicia Garza**, »Mitbegründerin von BlackLivesMatter und des Black Lives Matter Global Network«[234], Sanna Marin, der Premierministerin von Finnland, die die Gleichberechtigung der Geschlechter in ihrem Land und in der Welt fördert, sowie Larry Madowo, des BBC Africa Business Editors, der »sechs neue Business-TV-Shows für das afrikanische Publikum in Englisch, Französisch und Swahili« startete. »Madowo ist auch als Korrespondent für BBC-Radio und -Fernsehen tätig und hat aus mehr als 40 Ländern berichtet.«[235] Sie alle gehören also zum erweiterten Netzwerk von Annalena bzw. werden von derselben Kaderschmiede betreut.

Wie Baerbock gehörte 1992 auch Angela Merkel zur ersten Runde des damals noch »Global Leaders for Tomorrow« genannten Elite-Ausbildungs- und Vernetzungsprogramms. Auch der spätere spanische Ministerpräsident Aznar, der spätere EU-Kommissionschef

Barroso, der spätere britische Regierungschef Blair und sein späterer Finanzminister Brown sowie der spätere französische Regierungschef Sarkozy gehörten damals dazu.[236] Merkel war in jener Zeit noch relativ unbekannt, und es ist zu vermuten, dass ihr die Unterstützung des Großkapitals erheblich geholfen hat, um im harten Politbetrieb ganz nach oben zu kommen. Im Jahr 2016 war neben dem heutigen französischen Präsidenten Emmanuel Macron auch der heutige Gesundheitsminister Jens Spahn in das Elite-Nachwuchsprogramm aufgenommen worden.[237]

Doch zurück zu Annalena Baerbock. Die Young Global Leaders dürfen zum Zeitpunkt ihrer Nominierung nicht älter als 40 Jahre alt sein und absolvieren dann ein 5-jähriges Ausbildungsprogramm. Dieses wird von einer Stiftung für den globalen Führungsnachwuchs finanziert. Baerbocks Ausbildungsprogramm im WEF läuft also noch!

Im Übrigen wird die Stiftung vom Gründer des Weltwirtschaftsforums, Klaus Schwab (siehe unten), sowie aus Spenden von Großkonzernen budgetiert.[238] Zum Stiftungsrat gehören unter anderen der bereits genannte Klaus Schwab und

- ▶ Thor Björgolfsson, Chairman von Novator Partners (Island)
- ▶ H.R.H. Jaime de Bourbon de Parme, United Nations High Commissioner for Refugees (UNHCR), Genf
- ▶ Katherine Garrett-Cox, Chief Executive Officer der Gulf International Bank (Großbritannien)
- ▶ Ellana Lee, Senior Vice-President and Managing Editor von CNN International (Hong Kong/China)
- ▶ Amina Mohammed, Deputy Secretary-General der United Nations, New York
- ▶ Jimmy Wales, Gründer von *Wikipedia.org* (USA)

▶ Zhang Yi-Chen, Chairman und Chief Executive Officer von CITIC Capital (Hong Kong/China).[239]

Die Young Global Leader erhalten unter anderem exklusive 10-tägige Executive-Education-Kurse an der John F. Kennedy School of Government der Harvard University, um sich dafür bereit zu machen, noch größere Verantwortung zu übernehmen, und Zugang zum aktuellen Wissen und Denken über globale Themen zu bekommen. Dazu gehören natürlich – und das ist vielleicht das Wichtigste – Kontakte mit der in Harvard ein- und ausgehenden US-Elite. Jeden Sommer wird der Nachwuchs auf eigene Forumstreffen eingeladen. Aber das ist noch nicht alles, denn für Baerbock & Co gibt es regelmäßige Treffen mit Vertretern der US-Regierung und der EU-Kommissionen sowie exklusive Treffen mit Staats- und Regierungschefs verschiedener Länder.[240]

Ziel des Programmes ist der Aufbau eines weltweiten Elitenetzwerks von Akteuren in Politik und Wirtschaft: »Wenn die Young Global Leaders das Fünfjahresprogramm abgeschlossen haben, werden sie eingeladen, der Alumni-Gemeinschaft beizutreten, wo sie ihre Führungsreise fortsetzen und ihr Engagement für das Weltwirtschaftsforum sowie die Aktivitäten und Veranstaltungen der Young Global Leaders aufrechterhalten können. Alumni dienen als Stewards des Forum of Young Global Leaders, unterstützen den Auswahlprozess und fungieren als wertvolle Mentoren für neue Mitglieder. Unsere Alumni sind für unseren anhaltenden Erfolg von entscheidender Bedeutung, da sie neue Kooperationen oft unterstützen und anleiten und dazu beitragen, die wirkungsorientierte Denkweise der Gemeinschaft zu fördern.«[241] Dazu stellte Klaus-Rüdiger Mai in *Tichys Einblick* die Frage:

> *Gemeinschaft oder Sekte? Sieht Klaus Schwab als »Ziel der Bildungsreise« für Annalena Baerbock das Amt der Bundeskanzlerin der Bundesrepublik Deutschland vor, um das »Engagement für das Weltwirtschaftsforum« und für eine »wirkungsorientierte Denkweise der Gemeinschaft« durchzusetzen? Zumindest hat er deutlich formuliert, dass die Alumni sich im Sinne von Schwabs Weltwirtschaftsforum zu engagieren hätten. Wüsste man nicht, dass die Beschreibung des Young Global Leaders Programms von Klaus Schwab stammt, könnte man auch in dem Text einen Ausschnitt aus einem neuen Dan Brown Roman vermuten.*[242]

In der Praxis sieht das beispielsweise so aus: Ex-Siemens-Chef Joe Kaeser, der der umstrittenen Fridays-For-Future-Aktivistin und Vielfliegerin Luisa Neubauer[243] im Januar 2020 einen Sitz in einem Aufsichtsgremium von Siemens Energy angeboten hatte, was Neubauer aber ablehnte,[244] lobte Baerbock im Juni 2021 als eine Kanzlerkandidatin, die für »eine sozial-ökologische Marktwirtschaft«[245] stehe, die Deutschland brauche. Er sagte: »Die größte Glaubwürdigkeit für eine nachhaltige und langfristige Erneuerung hat sicherlich Annalena Baerbock. Was ihre Auffassungsgabe und Interesse betrifft, erinnert sie mich sehr an unsere heutige Bundeskanzlerin.«[246] Lob von einem ehemaligen Topmanager an eine angebliche Ökosozialistin? Wie passt das zusammen? Ganz einfach: Kaeser gehört zu den »Agenda Contributors«[247] des Weltwirtschaftsforums und wird dort außerdem als Autor[248] des Forums benannt. Ist das etwa alles Zufall?

Der Journalist Kaspar Sachse schreibt dazu:

> *Was viele kaum auf dem Schirm haben: Vor zwei Wochen trat sie [Baerbock] bei der US-amerikanischen Denkfa-*

brik Atlantic Council auf, deren Schwerpunkt bei den wirtschaftlichen und politischen »transatlantischen Beziehungen« verortet werden kann und die unter anderen von Chevron, der Bank of America, BlackRock und den Waffenherstellern Lockheed Martin und Krauss-Maffei Wegmann gesponsert wird.[249]

Dabei waren von der Kanzlerkandidatin einige bemerkenswerte Aussagen zu hören, die aber im Großteil der deutschen Lückenpresse keine Meldung wert waren. So sprach Baerbock in einem gut halbstündigen Interview beim online veranstalteten EU/US Future Forum 2021 zum Thema »The Transatlantic Relationship and the Green Transition«; es moderierte Fareed Zakaria, Redakteur des *Time Magazine* sowie *CNN*-Journalist. Baerbocks Ergüsse brachten Altbekanntes: Ihre Partei stehe für eine »grüne Welle« der Märkte in der Zukunft, eine starke Frauenbewegung, Menschenrechte und die Antiatomkraftbewegung. Es sei für die Grünen wichtig, eine Friedens- und Menschenrechtspartei zu sein. Bezüglich der neuen US-Administration unter Joe Biden und deren Zusammenarbeit mit Deutschland bzw. der EU resümierte Baerbock: »Wir haben zusammen eine leuchtende Zukunft, wenn wir zusammen an einem transatlantischen ›Green Deal‹ arbeiten. Zusammen investieren wir in eine Zukunft ohne fossile Energieträger mit einer starken Bewegung sozialer Gerechtigkeit. Wir können der Welt etwas geben, das sie zu einem besseren Ort machen wird, und stärken unsere Demokratien. Denn diese müssen zeigen, dass sie nicht nur die Pandemien, sondern auch den Klimawandel mit demokratischen Mitteln händeln können.«[250]

In ihrem Buch *Jetzt: Wie wir unser Land erneuern* schreibt Baerbock: »Mit Präsident Joe Biden und seiner Vizepräsidentin Kamela Harris besteht die große Chance, unter dem Leitmotiv einer sozialen und ökologischen Marktwirtschaft die transatlantische Partnerschaft auf ein neues Fundament zu stellen.«[251] Und weiter: »Ob das alles gelingen wird, ist noch unsicher. Klar ist aber, dass sich die USA programmatisch von der jahrzehntelangen Leitfigur des schmalen Staates verabschieden. Dazu gehört, dass höhere Steuern für Unternehmen und die wohlhabendsten Menschen nicht mehr politisch tabu sind.«[252] Offenbar freut sich Baerbock über eine »sozialistischere« USA, »höhere« Steuern und »mehr« Staat.

Die Umrisse ihrer transatlantischen Agenda beschreibt die Transatlantikerin Baerbock ebenfalls ganz im Sinne des WEF (Hervorhebungen d. d. Autor):

> Um die **internationale Ordnung** zu stärken, sind wir auf politische Bündnisse mit anderen Staaten angewiesen, die **ähnliche Wertvorstellungen** von internationaler Zusammenarbeit haben wie wir. Ein **Bündnis mit den Vereinigten Staaten ist dafür eine wichtige** Voraussetzung. [...] Eine solche **Agenda** muss sich an **erster Stelle daran messen** lassen, ob sie eine angemessene **Antwort auf die Klimakrise** gibt. [...] Bei der Technologieentwicklung als auch bei der **politischen Rahmensetzung** der Digitalisierung liegt ein großes transatlantisches Kooperationspotenzial [...].[253]

Und auch die »Eine-Welt-Regierung« wird von ihr propagiert: »Eine freiheitliche **Weltordnung** kann es nur auf der Basis gemeinsamer Regeln geben, die für alle gelten.«[254] Die Frage, was mit den Staaten geschehen soll, die sich dieser neuen »Weltordnung« nicht unterordnen wollen, bleibt dagegen unbeantwortet.

Mein Fazit: Es ist für mich nicht verwunderlich, dass sich die Agenda des WEF und das Wahlprogramm der Grünen auffallend ähnlich.

Durch Baerbock bilden die Grünen nun die Speerspitze einer neuen postindustriellen Gesellschaft, auf die das globale Finanzkapital seine Hoffnungen setzt. Um ihr Ziel zu erreichen, bedienen sich sowohl die Grünen als auch das WEF einer ökosozialistischen Phraseologie von Gleichheit, Teilhabe, Nachhaltigkeit, Konsumverzicht und Besitzlosigkeit. So gesehen wäre Baerbock, die WEF-Schülerin, die ideale Kanzlerin für die Durchführung dieses epochalen Umbruchs, denn gerade aufgrund fehlender Qualifikationen ist sie gezwungen, auf fachmännische Souffleure zu hören. Für mich gibt es deshalb keinen Zweifel: Baerbock ist ein Kind des Weltwirtschaftsforums, oder anders gesagt, hinter ihr steht Klaus Schwab, der Gründer des WEF mit seinen Gesellschaftsumbau-Fantasien, die sich (fast) alle im Wahlprogramm der Grünen wiederfinden.

Klaus Schwab: Baerbocks »Lenker«?

Klaus Schwab ist Gründer und geschäftsführender Vorsitzender des Weltwirtschaftsforums sowie anderer Stiftungen. Er wurde am 30. März 1938 in Ravensburg als Sohn einer deutsch-schweizerischen Familie geboren.[255] Nach seinem Abitur studierte er Maschinenbau an der ETH Zürich und promovierte dort 1965 zum Doktor der technischen Wissenschaften (Dr. sc. techn.). Anschließend studierte er an der Universität Freiburg Betriebswirtschaftslehre und wurde dort 1967 zum Doktor der Wirtschaftswissenschaften (Dr. rer. pol.) promoviert. 1966/1967 absolvierte er ein akademisches Jahr an der Harvard Business School, das er mit einem Master of Public Administration (MPA) beendete. Zurück in Europa wurde er bei Escher Wyss tätig, wo er im Vorstand bis 1970 die Integration in die Sulzer AG in Winterthur zu verantworten hatte.[256] 1971 wurde er für das Fach Business Policy als Professor an die Universität Genf berufen, wo er bis 2002 tätig war. 1998 gründete er mit seiner Frau Hilde die gemeinnützige Schwab Foundation for Social Entrepreneurship. 2004 richtete er die Stiftung The Forum of Young Global Leaders ein.[257]

Ebenfalls 1971 gründete er die gemeinnützige Stiftung European Management Conference, die 1987 zum Weltwirtschaftsforum (World Economic Forum, WEF) umbenannt wurde. Sie bringt jedes Jahr Führungspersönlichkeiten aus der internationalen Wirtschaft im Schweizer Ort Davos zusammen, seit 1994 nehmen auch Politiker an den Treffen teil. Über die Jahre baute Klaus Schwab die Stiftung zu einer global agierenden Kommunikationsplattform für wirtschaftliche und politische Eliten sowie intellektuelle Vordenker aus. Kritikern gilt das jährliche Treffen in Davos jedoch als Symbol für die Machtausübung einer neoliberalen Elite über die Bevölkerung.

WEF Klaus Schwab

Und so geht Schwabs Einflussnahme beispielsweise vor sich: Im Januar 2016 machte er den Titel seines neuen Buches *Die Zukunft der vierten industriellen Revolution*[258] zum Motto des Weltwirtschaftsforums in Davos. Darin beschreibt Schwab »die ungeheuer schnelle und systematische Verschmelzung von Technologien, die die Grenzen zwischen der physischen, digitalen und der biologischen Welt immer stärker durchbrechen«.[259] Alle teilnehmenden Wirtschafts- und Politikgrößen bekamen sein Buch überreicht, flankiert von einem gleichlautenden Videoclip und einer 10-minütigen Dokumentation auf Youtube. Darin klärte er über seine Mission auf, was er unter der Vierten Industriellen Revolution versteht und warum diese politisch dringend angegangen werden müsse.[260]

Äußerst pikant ist, dass ein Großteil der Covid-19-Pandemiebekämpfung bereits auf Technologien dieser Vierten Industriellen Revolution beruhte, die also 4 Jahre zuvor publiziert worden waren – etwa die genetische Sequenzierung, die Biotechnologie zur Impfstoffentwicklung (mRNA- und Vektorplattformen) oder die Apps und Software

mRNA

zur Kontaktverfolgung bzw. Massenüberwachung.[261] 2020 erschien dann Schwabs Nachfolgebuch *Covid-19: Der große Umbruch*[262], in dem er seine Thesen noch einmal akzentuierte (siehe unten).

Als Mitglied von Aufsichtsräten und Verwaltungsräten mehrerer internationaler Unternehmen ist Klaus Schwab einer der am besten vernetzten Menschen in Deutschland. Er erhielt zahlreiche Orden und Auszeichnungen und gehört dem Lenkungsausschuss (Steering Committee) der Bilderberg-Konferenzen an.[263] Zu »seinem einzigartigen« Weltwirtschaftsforum reisen inzwischen jährlich rund fünfzig Staats- und Regierungschefs in die Berge. Die Zusammensetzung des Board of Trustees, dem Aufsichtsorgan des Weltwirtschaftsforums, spiegelt die Netzwerker-Qualitäten von Schwab wie auch die Bedeutung seiner Organisation wider. Viel Prominenz war und ist dort versammelt: Beispielsweise Ursula von der Leyen vor ihrer Zeit als EU-Kommissionspräsidentin, die EZB-Präsidentin Christine Lagarde, Nestlé-Chef Mark Schneider und Larry Fink, Spitzenmann des weltgrößten Vermögensverwalters Black Rock.[264] Keine nichtstaatliche Konferenz kommt auch nach 50 Jahren an die Initiative des gebürtigen Deutschen heran.[265]

Wohl kein Zufall dürfte es sein, dass Schwab zusammen mit Thierry Malleret 2020 sein Wirtschaftsplanungsprojekt unter dem Titel *Covid 19: The Great Reset*[266] (»Covid 19: Der große Umbruch«) als Buch herausbrachte. »Great Reset« ist aber auch der Name eines im Mai 2020 unterbreiteten Vorschlags des Weltwirtschaftsforums für eine Wirtschaftsplanung zum nachhaltigen Wiederaufbau der Wirtschaft nach der Covid-19-Pandemie und der damit einhergehenden Wirtschaftskrise 2020–2021. Bei der Lancierung dieses Programms sagte Klaus Schwab, »Covid-19 biete die Gelegenheit, ›unsere ökonomischen und sozialen Grundlagen neu zu starten‹ […]. Neben der Pandemie müssten eine Reihe von Problemen wie die Staatsverschuldung und die Klimakrise nun angegangen werden.«[267]

Was steht noch in diesem Buch? In mehreren Kapiteln erklären Schwab und sein Co-Autor den Makro-Umbruch (Wirtschaft, Gesellschaft, Geo-Politik, Ökologie, Technologie), den Mikro-Umbruch (Industrie und Unternehmen) sowie den persönlichen Neustart.[268] Die Autoren warnen eindringlich: »Wenn es uns nicht gelingt, die tief verwurzelten Missstände in unseren Gesellschaften und Wirtschaftssystemen anzugehen und zu beheben, könnte das Risiko zunehmen, dass wie so häufig in der Geschichte letztlich ein Umbruch durch gewaltsame Erschütterungen wie Kriege oder gar Revolutionen erzwungen wird.«[269] Und dann lassen sie die Katze aus dem Sack, denn nach Meinung von Schwab & Co stehen wir vor einem grundlegenden Umbruch: »Es gebe eine Welt ›vor Corona‹ (BC) und eine Welt ›nach Corona‹ (AC) mit einer ›neuen Normalität‹.«[270] Die Pandemie werde einen »Systemwandel beschleunigen, der sich bereits vor der Krise abzeichnete«.[271] Dazu gehört, dass sich die USA und China zunehmend entkoppeln, »die Automatisierung sich beschleunigt, die Macht der Technologie wächst und gleichzeitig die Sorge über die verstärkte Überwachung sowie der Nationalismus und die Angst vor Einwanderung zunehmen«.[272]

So wundert es nicht, dass Schwab in seinem neuen Buch für einen verantwortungsvollen Kapitalismus wirbt und genau das prophezeit, was auch seine »Schülerin« Baerbock vertritt: »Die Zeit nach der Pandemie werde eine Phase massiver Umverteilung einleiten – von den Reichen zu den Armen, von Kapital zu Arbeit.«[273] Und so soll diese Transformation gelingen:

▶ **Eine »fairere« Welt:** »Die Regierungen sollten ihre Steuer- und Ordnungspolitik und Handelsverträge besser koordinieren, und die Bedingungen für eine Stakeholder[274]-Wirtschaft schaffen. Je nach Land könnten dies Vermögenssteuern, der Ausstieg aus der Förderung für fossile Brennstoffe oder neue Handels- und Wettbewerbsregeln sein.«[275]

▶ Eine »grünere« Welt: »Investitionen in Nachhaltigkeit sollten gefördert werden.«[276] So soll in »»grüne‹ städtische Infrastrukturen investiert« und sollen »Anreize für Unternehmen geschaffen werden, um ihre ökologische und soziale Bilanz zu verbessern«.[277]

▶ Eine »klügere Welt«: Wirtschaftliche Entwicklung und gesellschaftlicher Fortschritt sollen miteinander im Einklang sein. Dazu brauche es einen neuen Gesellschaftsvertrag zur »vierten industriellen Revolution«.[278]

Schwab plädiert »für eine globale Ordnungspolitik, denn Covid-19, das CO_2-Problem und der Klimawandel könnten nur mit einer **globalen Führung** gelöst werden«.[279] (Hervorhebung d.d. Autor). Das bedeutet für mich eine Eine-Welt-Regierung. »Wie das konkret angegangen werden soll, bleibt [aber noch] offen.«[280]

Da stellt sich mir die Frage, ob die vielen Unternehmen, welche die »Great Reset«-Initiative unterstützen, den Kapitalismus auch dahin gehend verändern werden, dass es nicht mehr nur um reine Gewinnmaximierung geht? Das Ziel scheint jedenfalls eine sozialistische Einheitspolitik zu sein – und zwar weltweit. Das World Economic Forum kündigte jedenfalls eine Initiative[281] an, die helfen sollte, dass die Welt nach Covid-19 als »besserer« Ort dasteht, denn Covid-19 habe bewiesen, dass es möglich ist, »unsere ökonomischen und sozialen Grundlagen neu zu starten«.[282] Politiker wie beispielsweise der kanadische Premierminister Justin Trudeau, der britische Premierminister Boris Johnson und US-Präsident Joe Biden vertreten in Anlehnung an diesen Vorschlag ebenfalls die Idee eines »besseren Wiederaufbaus« im Anschluss an die Covid-19-Pandemie.[283]

HZ, das gemeinsame Wirtschaftsportal von *Handelszeitung* und *Bilanz*, schrieb: »»The Great Reset«: Das steht der Menschheit bevor. Ein Neustart. Die Umsetzung hat begonnen. Bis 2030 wird eine neue Welt geschaffen, in der die Eliten eine streng überwachte Bevölkerung behüten wie Hirten ihre Schafe.«[284] Jedenfalls haben Schwab, das Weltwirtschaftsforum und ihre Schüler – Leute wie Baerbock & Co – offenbar einen Plan, dem gemäß sie die Welt verändern wollen. Natürlich verklärt der Mainstream das, beispielsweise so:

> *Wer an die »Reset«-Verschwörung glaubt, neigt zum Beispiel dazu, die Coronakrise als letztes Aufbäumen der neoliberalen Managerkaste zu sehen (eine eher linke Sichtweise). Oder aber er versteht sie als Machtspiel der heimatmüden Globalisierer (die eher rechte Sichtweise): Hier wird insbesondere auch Joe Biden als wichtige Figur des Plans erachtet – er hatte, wie »Fox News« im Wahlkampf anmerkte, eine »disturbing connection« zum »socialist Great Reset Movement«. Und hat nicht Wef-Gründer Klaus Schwab soeben die Wahl von Biden als wichtigen Schritt gerühmt,[285] mit der Internationalismus wieder einen neuen »Boost« verspüren werde?*
> *Eine dritte Deutung stellt den drohenden Überwachungsstaat in den Vordergrund […]: Tatsächlich finden sich in den Reset-Sites und Plänen allerlei technokratische Zukunftsvorstellungen, zum Beispiel die Idee eines Gesundheits-Passes.[286]*

Und weiter:

> *Dass Klaus Schwab mit Thierry Malleret bereits im Juli [2020] ein Buch zum Thema veröffentlicht hatte (»The Great Reset«, »Der große Umbruch«), macht die Sache für*

viele noch verdächtiger: Denn wie schafft man es, so kurz nach dem Ausbruch einer Pandemie ein 280seitiges Breitband-Werk mit Antworten zu liefern? Hatten die Autoren vielleicht gewisse Vorinformationen?[287]

Vera Lengsfeld veröffentlichte am 27. August 2020 in *The European* folgenden Kommentar: »Die moderne, manche nennen sie auch die sanfte, Diktatur entwickelt sich anders. Sie entsteht mitten in der rechtsstaatlichen Demokratie durch allmähliche Aushöhlung rechtsstaatlicher Prinzipien, durch Missachtung von Verfassung und Gesetzen und die Etablierung eines angeblich über der Gesetzlichkeit stehenden Prinzips; im aktuellen Fall der Moral. Der Umbau des demokratischen Rechtsstaats in eine Gesinnungsdiktatur ist ein langer Prozess. Er begann in der alten Bundesrepublik mit den 68ern und nahm nach der Vereinigung der beiden deutschen Teilstaaten an Fahrt auf. Dreißig Jahre nach dem glücklichsten Moment der deutschen Geschichte befinden wir uns in der Schlussphase dieses angestrebten Umbaus. Inzwischen wird sogar ganz offen darüber geredet und er hat einen Namen: Große Transformation. […] Entscheidend ist, dass die große Transformation der westlichen Gesellschaft inzwischen nicht nur von radikalen revolutionären Gruppen angestrebt wird, sondern Regierungsziel ist.«[288]

Annalena Baerbock und Klaus Schwab sind für mich zweifelsohne Apologeten dieser »Großen Transformation«, und es wird zukünftig nichts mehr so sein, wie es einmal war. Das bestätigte auch die einstige WEF-Absolventin Angela Merkel im Juni 2021.[289] Trotzdem verwundert es, dass die Grünen, bis jetzt immerhin noch die kleinste Oppositionspartei im Deutschen Bundestag, im Gewand der »Klimarettung« die »Transformation« unserer Gesellschaft in einen ökosozialistischen Staat propagieren, der uns alle – außer jene, die sowieso nichts tun – ärmer machen wird, und dafür auch noch Stimmen erhalten. Offensichtlich ist ein Großteil unserer Gesellschaft medial und politisch schon zu »gehirngewaschen« – oder einfach nur zu »dumm«? –, um diese Zusammenhänge zu erkennen.

Organisationen, die Baerbock unterstützt

Zusätzlich zu ihren Parlamentsfunktionen arbeitet Baerbock für folgende Einrichtungen und Organisationen:

► Parlamentarischer Beirat des Bundesverbandes Erneuerbare Energie e. V. (BEE), Berlin
► Flüchtlingshilfeverein Hand in Hand Potsdam e. V.
► Amnesty International
► Flüchtlingspaten Syrien
► Bund für Umwelt und Naturschutz Deutschland BUND e. V.
► **Europa/Transatlantik-Beirat** der Heinrich-Böll-Stiftung
► **German Marshall Fund**
► Greenpeace
► Landesverband Brandenburg der Europa-Union Deutschland
► **Leo-Baeck-Stiftung, Stiftungsrat**
► Solarverein Potsdam e. V.
► **Atlantik-Brücke**
► UNO-Flüchtlingshilfe (dt. Partner des UNHCR)[290]

Die **Atlantik-Brücke** ist dem Auftrag verpflichtet, den Dialog zwischen Deutschland, Europa und Amerika auf allen Ebenen und jenseits der Parteilinien zu vertiefen, setzt sich für Multilateralismus, offene Gesellschaften und freien Handel ein und »richtet Konferenzen und Gesprächskreise für Persönlichkeiten aus Politik, Wirtschaft, Wissenschaft und den Medien sowie für junge Führungskräfte aus Europa und Amerika aus. Studienreisen für Lehrer stellen einen weiteren Schwerpunkt dar. Außerdem verleiht die Atlantik-Brücke Preise an Persönlichkeiten, die sich in besonderem Maße um die deutschamerikanische Freundschaft verdient gemacht haben.«[291] Gegründet hatte sie der deutsch-amerikanische jüdische Bankier und Politikberater Eric M. Warburg.[292]

Der derzeitige Vorsitzende ist:
► Bundesminister a. D. Sigmar Gabriel, Berlin

Stellvertretende Vorsitzende sind u. a.:
► Prof. Dr. Michael Hüther, Direktor & Mitglied des Präsidiums, Institut der deutschen Wirtschaft, Köln
► Bundesminister a. D. Dr. Norbert Röttgen, MdB (CDU/CSU), Deutscher Bundestag, Berlin

Weitere Vorstandsmitglieder u. a.:
► Kai Diekmann, (früher Chefredakteur der *Welt* und BILD)
► Reiner Hoffmann, Deutscher Gewerkschaftsbund (DGB)
► Botschafter Wolfgang Ischinger, Münchner Sicherheitskonferenz
► Alexander Graf Lambsdorff, MdB (FDP)
► Staatssekretär Christian Lange, MdB (SPD)
► Omid Nouripour, MdB (BÜNDNIS 90/ DIE GRÜNEN)[293]

Die **Leo-Baeck-Stiftung** »ist eine operative Stiftung. Sie will das Judentum in Europa festigen und ausbauen sowie eine Perspektive des interreligiösen Dialogs schaffen.«[294] Neben Baerbock ist auch der mir ominös erscheinende Grüne Volker Beck[295] (jetzt Lehrbeauftragter am Centrum für Religionswissenschaftliche Studien (CERES) der Ruhr-Universität Bochum) Mitglied des Stiftungsrates.[296] Eines der Stiftungsprojekte ist das Zacharias Frankel College, das »gegründet [wurde], um eine neue Generation von konservativen Rabbinerinnen und Rabbinern auszubilden«[297].

Die **Europa-Union Deutschland e. V.** (EUD) ist die deutsche Sektion der Union Europäischer Föderalisten (UEF) sowie der größte proeuropäische Bürgerverein in Deutschland und versteht sich als überparteiliche, überkonfessionelle und unabhängige politische Nichtregierungsorganisation für ein föderales Europa. Die Europa-Union Deutschland ist ein auf ehrenamtlichen Strukturen basierender Bürgerverein für Europa, der sich für eine weitreichende europäische Integration und einen Europäischen Bundesstaat einsetzt.[298]

Unter »**Transatlantik**« ist auf der Website der Heinrich-Böll-Stiftung Folgendes zu lesen (Hervorhebungen d. d. Autor): »Unser Themenschwerpunkt Transatlantik konzentriert sich auf drei große internationale Fragestellungen: den **transatlantischen Sicherheitsdialog,** den **globalen Umwelt- und Klimaschutz** sowie die **ökonomische Globalisierung** und ihre Rezeption weltweit. Des Weiteren spielen die Auseinandersetzung mit Fragen der Geschlechterdemokratie und der Austausch über innenpolitische Herausforderungen eine große Rolle.«[299]

Der **German Marshall Fund** of the United States (GMF) ist eine unabhängige US-amerikanische Stiftung. Sie widmet sich ebenfalls der Förderung der transatlantischen Beziehungen in Politik, Wirtschaft und Gesellschaft. Der GMF finanziert sich aus Spenden, Fördergeldern (zum Beispiel aus EU-Programmen) und Erträgen aus seinem Stiftungsvermögen.[300] Die internationale Bedeutung des GMF auf beiden Seiten des Atlantik ist nicht zu unterschätzen, betrachtet man die sechs europäischen Hauptbüros in Berlin, Paris, Brüssel, Belgrad, Bukarest und Warschau sowie das Büro in Ankara, die von der Stiftung neben dem Hauptquartier des GMF in Washington, D. C., USA, unterhalten werden.[301] Die Ziele der Stiftung sind, die Verständigung zwischen Europäern und US-Amerikanern zu vertiefen, die Zusammenarbeit zu unterstützen und den Austausch von praktischen Erfahrungen zu fördern. Der GMF ist insbesondere daran interessiert, Führungskräfte zu fördern, die sich auf dem Gebiet der transatlantischen Beziehungen engagieren.[302] Eine der vom GMF »geförderten« Personen ist übrigens der Grüne Cem Özdemir.[303]

Seine Parteikollegin Annalena Baerbock dürfte also ganz im Sinne ihrer elitär-globalistischen-kapitalistischen Ausbildung durch Institutionen des Weltwirtschaftsforums agieren, und zwar gegen alles, was aus Russland kommt (etwa Nord Stream 2), und sich für eine weitere EU-NATO-Aufrüstung einsetzen. Folgerichtig – und ganz im Sinne der Amerikaner – sprach sich die grüne Kanzlerkandidatin dann auch für einen Baustopp an der Gaspipeline aus.[304] Ihre nahezu hysterische Begründung gegenüber dem *ARD-Hauptstadtstudio* lautete: »Diese Pipeline konterkariert die geostrategischen Interessen der Europäer, ist ganz gezielt gegen die Ukraine gerichtet, sie ist eine Wette gegen die europäischen Klimaziele, konterkariert alle EU-Sanktionen gegenüber Russland und ist damit ein absolut fatales Projekt«.[305] Auch eine nur vorübergehende Aussetzung des Baus lehnte Baerbock ab[306] (mehr dazu in Kapitel 9 »Was will Baerbock wirklich?«).

Welche Interessen vertritt Annalena Baerbock also tatsächlich? Die der Großkonzerne, die sie und ihre Partei eigentlich bekämpfen, oder den Ökosozialismus, der uns alle gleichmachen soll?

Einer darf natürlich nicht fehlen: George Soros

Laut Forbes zählt George Soros derzeit mit einem Vermögen von 23 Milliarden Dollar zu den reichsten Menschen der Welt. Der US-Investor ungarisch-jüdischer Herkunft ist nicht nur reich, sondern auch einflussreich: In den vergangenen Jahrzehnten spendete er große Summen seines Privatvermögens an Organisationen und Personen, die sich (angeblich) für Freiheit und Demokratie einsetzen. 18 Milliarden spendete er an die Open Society Foundations, wie Vertreter des Stiftungsverbunds mitteilten. Damit ist Soros' Stiftung nach der Organisation von Microsoft-Gründer Bill Gates die zweitgrößte in den USA, so die *New York Times*.[307]

Seine Kritiker werfen dem einflussreichen Soros vor, er mische sich mit seinem Geld und seinen vielfach verschachtelten Organisationen dominant in politische Abläufe ein. So »mache« er Revolutionen, verschaffe sich Einfluss auf die Flüchtlingspolitik und vieles mehr. Ich möchte im Folgenden ausnahmsweise einmal den *ARD-Faktenfinder* zitieren, nicht etwa, weil ich ihm vertraue, sondern weil die angeblichen »Fakten« als Ausreden gebraucht werden, um Soros mainstreamgerecht reinzuwaschen, und sich in unglaublicher Weise selbst entlarven, die Kritik an Soros also bestätigen. Zuerst die angebliche Zustandsbeschreibung (Hervorhebungen d. d. Autor):

»Schwerpunkt von Soros' Aktivitäten ist Osteuropa. Seine Stiftung fördert zum Beispiel Toleranz gegenüber Minderheiten wie den Roma. Sie finanziert Projekte, die Bürger zu Wahlbeobachtern ausbilden, oder die Journalisten zu investigativen Recherchen über Korruption befähigen. Eines seiner größten Projekte ist die Central European University (CEU) in der ungarischen Hauptstadt Budapest, die er 1991 mit Intellektuellen als Ort freien Denkens und Lernens gründete und mit Kapital ausstattete. Diese Aktivitäten von Soros werden von Skepsis bis hin zu massiven Anfeindungen begleitet. Die Vorwürfe aus Regierungen und regierungstreuen Medien in Ungarn, Polen, Serbien oder Rumänien ähneln sich: **Er finanziere Zivilgesellschaftsorganisationen, um die Länder ins Chaos zu stürzen. Unter dem Deckmantel der Demokratisierung wolle er Regierungen destabilisieren und nationale Identitäten zerstören.**«[308]

Dann heißt es weiter: »Auch die **iranische Führung** nahm sich **Soros** vor und behauptete, **dieser habe 2009 nach der Präsidentschaftswahl in dem Land Massenproteste finanziert.**«[309] Natürlich muss auch bei den »Faktenfindern« der ARD die Antisemitismus-Keule herhalten: »Zumeist sind es autoritär gesinnte Parteien, Politiker unter Korruptionsverdacht, ihnen nahestehende Medien sowie Anhänger anti-liberaler Bewegungen, die **Soros Verschwörungen vorwerfen.** Nicht selten werden sie mit **Verweis auf seine jüdische Herkunft in einem verdeckt oder offen antisemitischen Ton formuliert.**«[310] Schließlich wird die entscheidende Frage gestellt: »Stürzt Soros Regierungen?« Und die Antwort lautet:

> *Ein Mäzenatentum in einem solchen finanziellen Ausmaß gibt Anlass zu Kritik und Zweifeln. So stellt sich die Frage, welche Wirkung die finanzielle Unterstützung von Nichtregierungsorganisationen (NGOs) über die Jahrzehnte entfaltet. In Armenien zum Beispiel spricht ein Experte angesichts von festgefügten Verbindungen zwischen Gebern und Nehmern von einer Mafia im NGO-Sektor. In Georgien gab es ebenfalls Hinweise auf Korruption.*[311]

Und nun folgen die Entschuldigungen und Ausreden:

> *Soros den Sturz von Regierungen im Interesse der USA zu unterstellen, **wird der komplexen Realität jedoch zumeist nicht gerecht.** Das zeigen mehrere Beispiele. So heißt es in dem Blog »Schall und Rauch«, das im verschwörungstheoretischen Milieu beliebt ist, über die Open Society Foundations: »**Es ist allgemein bekannt, dass diese Stiftung hinter jeder ›Farbrevolution‹ der letzten Jahrzehnte steckt.«** Unter dem Deckmantel der Demokratie würden Regierungen gestürzt, die sich nicht dem US-*

Diktat unterwerfen würden. Zu diesen »Farbrevolutio-
nen« zählt die »Rosenrevolution« 2003 in Georgien: Nach
einem friedlichen Aufstand trat Präsident Eduard Sche-
wardnadse zurück. Der allerdings war ein großer Freund
der USA und wollte sein Land in die NATO führen.
Aussagen von Zeitzeugen **lassen jedoch den Schluss zu,**
dass *Soros'* **Stiftung tatsächlich zwei Organisationen**
unterstützte, die eine wichtige Rolle bei den Protesten
spielte: *das Liberty Institute und die Jugendbewegung*
Kmara! (übersetzt: Genug!). **Doch diese Unterstützung**
allein hätte kaum ausgereicht, genug Menschen zu mo-
tivieren, den Präsidenten zum Rücktritt zu zwingen.
Die Wut speiste sich vielmehr aus der desolaten Lage im
Land, aus täglichen Stromausfällen und einer den Alltag
prägenden Korruption.[312]

Mit Formulierungen wie

- ▶ »wird der komplexen Realität jedoch zumeist nicht gerecht [...]«
- ▶ »lassen jedoch den Schluss zu [...]«
- ▶ »diese Unterstützung allein hätte kaum ausgereicht [...]«

verklären und vertuschen die vermeintlichen ARD-Experten Soros'
tatsächliche und äußerst undurchsichtige Rolle in der Weltpolitik.
Natürlich wird von den »Faktenfindern« auch bestritten, dass Soros
über seine verschachtelten Organisationen die Flüchtlingspolitik beeinflusst. Als Zeuge dafür wird ausgerechnet Gerald Knaus präsentiert, der Chef des Thinktanks European Stability Initiative (ESI), der
auch von den Open Society Foundations von George Soros finanziert
wird![313] Das hört sich dann so an (Hervorhebungen d. d. Autor): »Das
Projekt, das die Open Society Foundations beim ESI finanziert, habe
jedoch nichts mit dem Thema Flüchtlingspolitik zu tun, erklärt ESI-

Chef Gerald Knaus. [...] Knaus weist zudem weitere Behauptungen über die Soros-Stiftungen zurück: ›Meine Erfahrung aus vielen Jahren ist, dass sie **einfach nur Infrastruktur und Institutionen unterstützen,** die dann **ihre eigenen Sachen** machen.‹«[314]

Allerdings müssen die »Faktenfinder« der ARD beim Thema US-Wahlkampffinanzierung dann doch zugeben: »So **nutzte Soros** neben anderen Wohlhabenden **die Macht des Geldes mit der Folge, dass die Mehrheit der einfachen Bürger nur noch wenig Einfluss auf die Wahlkampfgestaltung haben.** Dies könnte dazu beitragen, dass das **Vertrauen in die demokratischen Institutionen weiter sinkt** und letztlich **antiliberale Strömungen mächtiger werden.**«[315] Abschließend heißt es dann: »So **bleiben Fragen nach der Zielgenauigkeit und den Wirkungen eines Mäzenatentums, wie Soros es betreibt.** Von der Suche nach Antworten darauf **lenken jedoch Verschwörungstheorien und Komplottvorwürfe ab.** Auch ein Milliardär wie Soros ist nicht allmächtig, wie sich insbesondere am Erstarken autoritärer und antidemokratischer Kräfte von Osteuropa bis in die USA zeigt.«[316]

Mit solchen Interpretationen und Argumentationen verraten die sogenannten »Faktenfinder« ganz offensichtlich viel mehr über den undurchsichtigen Milliardär, als sie es wohl beabsichtigt haben. Für mich besteht kein Zweifel daran, dass George Soros einer der mächtigsten Männer der Welt ist und mit seinen vielverzweigten Organisationen in die Politik eingreift. Warum ist der 23-Milliarden-Dollar[317] schwere vermeintliche Privatmann mit neunzehn weiteren Mitgliedern im Beirat der Münchner Sicherheitskonferenz und gibt in einer der bedeutendsten Veranstaltungen zum Thema Sicherheitspolitik weltweit Ratschläge für die strategische Ausrichtung?[318] Umsonst ist er ganz gewiss nicht dort.

Selbst die »Faktenfinder« kommen aufgrund der Fakten nicht umhin, zugeben zu müssen, dass »zu den offiziellen Unterstützern der Münchner Sicherheitskonferenz auch Organisationen [zählen], die seine Stiftung Open Society Foundations finanziell fördert. Darunter ist der einflussreiche Washingtoner Think Tank Atlantic Council sowie das Chatham House und das International Institute for Strategic Studies mit Sitz in Großbritannien, oder auch die Organisation Transparency International und das internationale Friedensforschungsinstitut SIPRI in Schweden, das im Jahr 2012 finanzielle Unterstützung erhielt.«[319]

So viel zu George Soros. Doch gibt es auch einen Link zu Annalena Baerbock? Sehen wir bei unseren Faktensuchern nach, so finden wir:

Nach ihrer Nominierung zur Kanzlerkandidatin wird die Grünen-Politikerin Baerbock in den sozialen Netzwerken attackiert. Sie sei eine Marionette des Milliardärs Soros, lautet ein Vorwurf. [...] »Soros-Musterschülerin wird Kanzlerkandidatin« – dazu eine Fotocollage mit dem Milliardär George Soros als Lehrmeister und darunter Annalena Baerbock als dessen Schülerin. Diese Grafik hat der AfD-Bundestagsabgeordnete Martin Siechert auf Facebook veröffentlicht. Mehrere Hundert Konten teilten das Posting. Auf Twitter schrieb ein anonymes Profil, das seit Jahren Desinformation verbreitet: »Ich gratuliere George Soros zur Kanzlerkandidatur« - und postete dazu ein Bild der Grünen-Politikerin neben dem Milliardär und Investor. Mit solchen und ähnlichen Postings soll offenkundig die Unabhängigkeit der ersten Kanzlerkandidatin der Grünen in Frage gestellt werden. Die Darstellungen suggerieren, sie werde durch einen Strippenzieher gesteuert. [...] Nun ist es also die Grünen-Kandidatin Baerbock, die angeblich von Soros gesteuert werde. Als vermeintlicher Beleg für die Behauptungen dient ein einziges Foto, das sie neben dem Milliardär zeigt. Tatsächlich ist hier allerdings kein geheimes Treffen zu sehen, sondern Baerbock hatte dieses Foto selbst auf Instagram veröffentlicht – in einer Story und als Beitrag.[320] *Es stammt von der Münchner Sicherheitskonferenz 2019. Dort hatte Baerbock nach eigenen Angaben unter anderem mit dem griechischen Ministerpräsidenten Alexis Tsipras und anderen Politikern sowie auch Soros über »die anstehenden Europawahlen, den Brexit- und den ökologisch-sozialen Umbau unserer Industrie und Wirtschaft« gesprochen.*[321]

Aber auch diese quasi offizielle Darstellung lässt Spielraum für Interpretationen:

► Die Auszubildende und Absolventin des Weltwirtschaftsforums Baerbock, das von Soros mitfinanziert wird,[322] war also bereits 2019 Gast bei der Münchner Sicherheitskonferenz und traf hochrangige Politiker, obwohl sie zu diesem Zeitpunkt international noch ziemlich unbekannt war.

► Sie sprach mit einem der mächtigsten Männer der Welt über die Europawahlen, den Brexit und den Umbau der Wirtschaft.

► 2 Jahre später wurde sie grüne Kanzlerkandidatin.

Hätte Soros *keinen* Einfluss und würden seine Organisationen *nicht* ins politische Geschehen eingreifen, wie die Mainstream-Medien es uns suggerieren wollen, wäre ein solches Treffen zwischen ihm und der späteren grünen Kanzlerkandidatin mit den oben genannten Themen wohl obsolet gewesen. Ich frage mich deshalb: Will sich Soros über Baerbock also doch eine Art von Einfluss auf das Kanzleramt sichern? Würde man dieser Argumentation nachgehen, könnte man diese allerdings ebenfalls bei Merkel anwenden, denn auch sie wurde vom Weltwirtschaftsforum quasi ausgebildet (siehe oben). Auch 2020 war Baerbock bei der Sicherheitskonferenz zu »Gast«.[323] Eines ist für mich allerdings klar: Baerbock ist ein Liebling der Globalisten, und von diesen ist George Soros einer der Größten.

Zu diesem Zusammenhang schrieb die konservative österreichische Zeitschrift *Wochenblick* (Hervorhebungen d. d. Autor): »Für die Grünen schickt sich Annalena Baerbock an, ins Rennen um die deutsche Kanzlerschaft zu gehen. Im Gepäck hat sie ein **Wahlprogramm, das nur so von Verboten und radikalen Umbau-Plänen strotzt** – und von **illustren Bekanntschaften**. Denn die von den **Mainstream-Medien gehypte Politikerin stammt direkt aus der Kaderschmiede von Klaus Schwab vom Weltwirtschaftsforum** (WEF), der als Architekt des ›Great Reset‹ gilt.«[324] Das Autorenkollektiv von *Report24* zieht daraus den Schluss:

> *Die grüne deutsche Kanzlerkandidatin Annalena Baerbock ist bislang **weder durch Kompetenz noch durch Intelligenz aufgefallen.** Da liegt die **Vermutung nahe, dass ihre Fähigkeiten darin liegen, genau das zu tun, was ihr vorgegeben wird.** Das erleichtert das Leben für einfache Gemüter ungemein. Fakt ist, dass sie durch das Young Leaders Programm von Great-Reset-Schwabs Weltwirtschaftsforum mit den globalistischen Umstürzlern bestens vernetzt ist.*[325] *(Hervorhebungen d. d. Autor)*

Ich wiederhole: Meiner Meinung nach ist die grüne Kanzlerkandidatin Annalena Baerbock ein »Zögling« des Weltwirtschaftsforums und eine »Schülerin« von Klaus Schwab. Ebenso ist sie bestens vernetzt in andere weltweite und elitäre Kreise der Globalisten, die den Großen Neuanfang, der mit ökosozialistischen Instrumentarien durchgepeitscht werden soll, wie ein Mantra propagieren. Die Grünen und Baerbock verkörpern dieses Programm wie keine andere Partei in Deutschland. Nur nach außen hin gibt man sich als links, pazifistisch, antikapitalistisch, liberal und grün. Etikettenschwindel, oder was?

Geldsegen für Baerbock & Co

Eigentlich lehnt die Grüne Partei Großspenden ab. Dennoch erhielt sie in der Vergangenheit immer wieder gigantische Geldbeträge. Kann es sein, dass sich die großzügigen Schenker damit jetzt schon – gewissermaßen »präventiv« – politischen Einfluss erkaufen wollen? »Eine Hand wäscht die andere«, heißt es im Volksmund, und genau das gilt wohl auch für Lobbyisten sowie manche Großspender an Parteien.

Im April 2021 erhielten die Grünen 1 Million Euro als Bitcoingeld gespendet – die größte Einzelspende, die sie bis dato je erhalten hatten. Sicherlich war diese riesige Summe für den Bundesverband und den Wahlkampf bestimmt.[326] Was eigentlich ein Grund zur Freude sein sollte, stellte die Grünen jedoch vor ein Problem, denn eigentlich lehnen sie, wie gesagt, Großspenden ab, da diese den Reichen und Mächtigen großen Einfluss verschaffen und Abhängigkeiten erzeugen können.[327] Deshalb hatte die Bundestagsfraktion bereits im Jahr 2010 in einem Antrag eine »jährliche Obergrenze für Spenden natürlicher und juristischer Personen an eine Partei in Höhe von 100 000 Euro«[328] vorgeschlagen. Im Dezember 2012 war diese Forderung in einem neuen Antrag im Deutschen Bundestag wiederholt worden; da hieß es, es müsse »eine Obergrenze für Spenden geben […]. Diese wird bei 100 000 Euro gezogen.«[329] Eingeführt wurde diese Obergrenze jedoch nicht, die Grünen hatten sich mit dieser Limitierung nie durchsetzen können und standen daher mit der Großspende vor einem Dilemma. Wie sollten sie damit umgehen?

In Wirklichkeit war der 1-Million-Euro-Geldsegen jedoch nicht die erste Megaspende, die die Ökosozialisten erhalten hatten. Bereits im Februar 2021 ging eine Rekordsumme von einer halben Million Euro[330] ein, und zwar vom Pharmaerben Antonis Schwarz, dem Mann hinter der linken Guerilla Foundation.[331]

Neues Deutschland schrieb über den edlen Spender: »Antonis Schwarz ist kein Unbekannter für die Grünen. Bereits 2019 ließ der Erbe des rheinischen Unternehmens Schwarz Pharma der Partei eine Spende von mehr als 65 000 Euro zukommen. Schwarz, Anfang dreißig, gilt als Philanthrop, der sein Vermögen für ökologisch orientierte Zwecke einsetzt. Er investiert in Unternehmen, Organisationen oder Fonds, die ein soziales oder ökologisches Ziel verfolgen. So unterstützt er etwa SunFunder, ein Unternehmen, das Solaranlagen in Entwicklungsländern finanziert, fördert das Projekt African Clean Energy, das aus Biomasse Treibstoff für kleine Kochgeräte herstellt, und beteiligt sich an dem Startup Awamok, das ein Programm für Kleinstkreditgeber in afrikanischen Ländern entwickelt hat.«[332] In einem weiteren Artikel von *Neues Deutschland* lesen wir ergänzend: »Der Mann hat auch die Gruppe Extinction Rebellion [eine linksextreme Organisation, die auch Kontakte zu Fridays for Future hat/MGR[333]] unterstützt und glaubt, dass es einen verantwortungsbewussten und demokratischen Kapitalismus geben kann.«[334] Es ist schwer zu glauben, dass der Sprössling einer der reichsten Familien Deutschlands den Grünen Geld schenkt, ohne eine Gegenleistung dafür zu wollen.

Die 1-Million-Euro-Spende hingegen stammte nach Angaben der Partei von einem selbstständigen Softwareentwickler, der große Gewinne mit der Digitalwährung Bitcoin gemacht hatte. Sein Name: Moritz Schmidt.[335] Er sei Parteimitglied aus Mecklenburg-Vorpommern, teilte ein Sprecher mit, und habe »deutlich gemacht, dass er diese Gewinne als unverdienten Reichtum ansieht, den er nicht für sich beanspruchen, sondern gesellschaftlich einsetzen möchte, für etwas, das seiner Überzeugung entspricht«. Mittlerweile sehe er aber »das Bitcoin-System kritisch, unter anderem auch vor dem Hintergrund, dass die nötigen Rechenoperationen riesige Mengen Strom verbrauchen«.[336] Schmidts angebliches Motiv ist, Impuls für einen Politikwechsel hin zu mehr Umwelt- und Klimaschutz zu setzen.[337]

Nach den aktuell gültigen Regeln, sprach nichts dagegen, eine solche Spende anzunehmen. Schließlich kam es von einer Privatperson innerhalb der EU und wurde auch nicht »erkennbar in Erwartung oder als Gegenleistung eines bestimmten wirtschaftlichen oder politischen Vorteils gewährt«.[338] Der Ex-Grüne Memet Kılıç, der von 2009 bis 2013 Bundestagsabgeordneter gewesen war und die Begrenzung von Spenden in den Anträgen von 2010 und 2012 unterstützt hatte, sagte jedoch: »Die Grünen sollten diese Spende dankend zurückgeben.« Nicht etwa, weil der Spender problematisch sei, sondern aus grundlegenden Erwägungen: »Es handelt sich offensichtlich um ein Parteimitglied und einen Philanthropen, deshalb ist das keine unanständige Spende – aber wir haben als Grüne die Haltung, dass Parteien keine Großspenden bekommen sollten. Dann sollten wir es auch vorleben.«[339]

Da war es also wieder, das Dilemma der Grünen: Moralisierend hohe Standards einfordern und dann das Gegenteil davon tun. Ich habe viele solche Fälle in meinem Buch *Die Grünen. Zwischen Kindersex, Kriegshetze und Zwangsbeglückung*[340] beschrieben.

Doch was taten die Grünen? *Der Spiegel* beschrieb es so: »Der Ausweg, den die Partei seit einiger Zeit konsequent wählt, besteht erstens darin, nicht so viel zu sagen. Mit Angaben zu ihrem Gönner hält sich die Partei zurück. Nicht einmal sein Alter ist bisher öffentlich bekannt. Zweitens besteht er darin, sich gegen eine Individualisierung von Strukturfragen zu wehren. Wenn es ein allgemeines Problem mit Parteispenden gibt, wie die Grünen finden, ändert es an diesem allgemeinen Problem nichts, wenn eine Partei sich selbst beschneidet. Strukturprobleme, argumentieren die Grünen, brauchen strukturelle Lösungen. So argumentiert die Partei auch in der Klimapolitik: Nicht der Urlauber im Flieger nach Mallorca ist das Problem, sondern die Flüge sind es. Ob sie damit dem doppelten Moralvorwurf (Moralisierer/Doppelmoral) entfliehen kann, ist aber noch nicht dauerhaft erprobt.«[341]

Aber damit nicht genug: Bereits 2016 hatte der Berliner Finanzinvestor Jochen Wermuth den Grünen zwei Spenden über insgesamt fast 600 000 Euro zukommen lassen. Auch der Verband der Bayerischen Metall- und Elektroindustrie zahlte 50 000 Euro; der Verband der Chemischen Industrie 20 000 Euro und der Industrieverband Südwestmetall aus Baden-Württemberg 100 000 Euro.[342]

Zwar präsentieren sich die Grünen immer noch als bescheidene Öko-Partei, und das wird ihnen von vielen Wählern – seltsamerweise – immer noch abgenommen, doch was ihre Finanzen anbelangt, gehören sie längst zum Establishment. Laut ihrem Rechenschaftsbericht verfügten die Grünen Ende 2019 über ein Reinvermögen von 60,6 Millionen Euro. Damit rangierten sie hinter der SPD und CDU auf Platz drei der reichsten Parteien, und zwar weit vor der CSU, den Linken, der AfD und der FDP.[343] Und im ersten Halbjahr 2021 sah es sogar noch besser aus für die Grünen, denn von allen Parteien hatten sie für den Wahlkampf bis dahin das meiste Geld aus Großspenden gesammelt. Insgesamt erhielten sie 1,74 Millionen Euro. Auf Platz 2 lag die FDP mit 1,58 Mio. Euro. Die Union musste sich mit 1,25 Millionen Euro mit Platz 3 begnügen.[344]

Kapitel 7

Das »Team Baerbock«

Annalenas willige Vollstrecker

Zum engsten Kreis um Annalena Baerbock – also Personen, mit denen sie sich regelmäßig austauscht – gehören **Robert Habeck**, der Fraktionsvize **Oliver Krischer** und die Erste Parlamentarische Geschäftsführerin **Britta Haßelmann**. Auch **Katharina Dröge** und **Agnieszka Brugger** aus dem Fraktionsvorstand und einige andere zählen noch dazu.[345] Schauen wir uns diese Personen einmal genauer an.

Oliver Krischer (51), der stellvertretende Fraktionsvorsitzende, Umweltpolitiker und Verkehrspolitiker wohnt in Düren. Er gilt als »einer der Ziehväter von Annalena Baerbock. Beide arbeiteten in der Klima- und Energiepolitik intensiv zusammen.« Hinter Krischer steht der große NRW-Landesverband, »sein Wort zählt bei den Grünen in der Partei und in der Fraktion. Er bestärkte Baerbock, für den Parteivorsitz zu kandidieren, und berät sie in Strategiefragen. [...] Der Kohleausstieg ist ihr gemeinsames politisches Ziel. Krischer ist für Baerbock in Partei und Fraktion eine Bank.«[346] »Eine nachhaltige Energieversorgung, zu 100% aus Erneuerbaren Energien, das ist bis heute das Ziel meiner Arbeit«[347], liest man auf seiner Seite. Wohl nicht umsonst war Krischer von 2011 bis 2013 Vorstandsmitglied der Eurosolar Deutschland e. V.[348] Seiner Meinung nach sollte Silvesterfeuerwerk beispielsweise nicht überall erlaubt sein.[349] Im Mai 2021 stimmte er für die Verlängerung des Auslandseinsatzes der Bundeswehr in Mali.[350]

Britta Haßelmann (59), die Erste Parlamentarische Geschäftsführerin der Grünenfraktion und Diplomsozialarbeiterin, fällt mir im Bundestag hauptsächlich durch ihre hysterischen Redebeiträge auf. Auch sie hat für die Verlängerung des Auslandseinsatzes der Bundeswehr in Mali gestimmt.[351] Auf brisante Fragen, die auf *abgeordnetenwatch.de* an sie gestellt werden, wie etwa »Wie stehen Sie zur

Antifa?«[352] oder »Grenzen Sie sich als Grüne von Linksextremismus und von Teilen der Linksfraktion ab. Beim Rechtsextremismus tun sie das sichtlich, ist das beim Linksextremismus genauso?«[353] gab sie bisher[354] keine Antworten.

Agnieszka Brugger (36) ist ebenfalls stellvertretende Fraktionsvorsitzende und für Außenpolitik und Verteidigungsfragen zuständig. Sie setzt sich dafür ein, dass Rüstungsexporte »massiv begrenzt«[355] werden. Ziel ihrer Politik ist auch eine »gerechte Globalisierung«[356], was immer sie darunter verstehen mag.

Katharina Dröge (36) ist seit Januar 2018 Parlamentarische Geschäftsführerin und Mitglied im Fraktionsvorstand der Grünen-Bundestagsfraktion. Im Oktober 2019 wurde sie von ihrer Fraktion zur Sprecherin für Wirtschaftspolitik gewählt.[357] Wie Annalena Baerbock kam die Kölnerin im Jahr 2013 erstmals in den Bundestag. Die Volkswirtin wurde zunächst »wettbewerbspolitische Sprecherin der Fraktion – und machte sich mit ihrer Kritik an TTIP und der Fusionserlaubnis für Edeka mit Kaiser's/Tengelmann sofort einen Namen«. Dröge »ist Mitglied des Netzwerks jüngerer Frauen in der Grünen-Bundestagsfraktion, das Baerbock ermutigt hat, für die Parteispitze zu kandidieren – nachdem sich ihre Kandidatur gegen Katrin Göring-Eckardt für die Fraktionsspitze als aussichtslos erwiesen hatte«.[358] Dass sich Dröge für ein »solidarisches Europa« einsetzt, bedeutet, dass der deutsche Steuerzahler noch mehr ran soll. In ihren Worten hört sich das allerdings so an (Hervorhebungen d. d. Autor): »Ich setze mich für ein solidarisches Europa ein, das gemeinsam den Weg aus der aktuellen Wirtschaftskrise geht. […] **Hierbei muss auch Deutschland seinen Beitrag zur Wiederherstellung des ökonomischen Gleichgewichts in der Eurozone leisten und seine exzessiven Leistungsbilanzüberschüsse abbauen.** […] Es gilt hier gezielt durch

Armutsbekämpfung und die Eindämmung prekärer Arbeitsverhält-
nisse entgegenzuwirken und damit nicht nur die schwächsten Bürgerinnen und Bürger in Deutschland zu unterstützen, sondern auch
einen **Beitrag** zur **Bewältigung der europäischen Wirtschaftskrise**
zu leisten.«[359]

Der Kommunikationsexperte **Michael Scharfschwerdt** war »zwölf
Jahre lang in verschiedenen Funktionen bei den Grünen tätig, u. a.
leitete er die Büros der Ex-Parteichefs Reinhard Bütikofer und Cem
Özdemir. 2013 wechselte Scharfschwerdt zur Strategieberatungsfir-
ma von Joschka Fischer. Seit zwei Jahren managt er nun die Öffent-
lichkeitsarbeit für die US-Unternehmensberatung A. T. Kearney in
Berlin.« Scharfschwerdt »ist seit vielen Jahren mit Annalena Baerbock eng befreundet, wohnte zeitweise mit ihr zusammen und teilt
mit ihr vor allem die Leidenschaft für die Europapolitik. Baerbock
und Scharfschwerdt arbeiteten gleichzeitig in Brüssel, beide waren Sprecher der Bundesarbeitsgemeinschaft Europa bei den Grünen. Der Diplom-Geograf gehört zu den wichtigsten Ratgebern von
Baerbock.«[360] Übrigens war Kearney als eines von nur hundert Unternehmen, die als strategischer Partner des Weltwirtschaftsforums
ausgewählt wurden, 2020 wiederum Teil der Gespräche und des Ak-
tionsplans, um zu einer stärker kohärenten und nachhaltigeren Welt
beizutragen.[361] Ich rekapituliere: Ein enger Freund von Annalena
Baerbock managt ein Unternehmen, das das Weltwirtschaftsforum
unterstützt, das wiederum Baerbock »ausbildet«.

Reinhard Bütikofer wird in der Partei »Büti« genannt und »gehört zu
den langjährigen Förderern von Baerbock. [...] Beide teilen europa-
politische Positionen, fordern etwa deutlich mehr Bildungsinvestiti-
onen in Europa und eine erhebliche Aufstockung des EU-Haushalts.
Mit ihr saß der frühere Parteivorsitzende auch jahrelang im Grünen-

Parteirat, dem strategischen Thinktank der Partei. Nach ihrer Wahl zur Parteichefin am 27. Januar jubelte Bütikofer: Endlich gebe es bei den Grünen kein ›Weiter so‹ mehr.«[362]

Welche Ankerpositionen könnten dem »Team Baerbock« bei einer Regierungsbeteiligung zukommen? Robert Habeck jedenfalls arbeitet sich seit einiger Zeit in Finanzfragen ein und könnte auch Interesse an einem neu zu bildenden Klimaschutzministerium haben. Aber auch Anton Hofreiter, der lange stillgehalten hat, könnte einen Posten in der Regierung für sich beanspruchen. Denkbar als Ministerin ist auch Agnieszka Brugger, die als grüne Verteidigungsexpertin gilt.[363]

Kapitel 8

Annalenas willige Helfer: Robert Habeck und Ska Keller

Die Außendarstellung der Grünen bestimmen vor allem zwei Frontfrauen und ein Frontmann: Annalena Baerbock, die zusammen mit Robert Habeck die Partei führt, und Ska Keller, Mitvorsitzende der Grünen Fraktion im Europäischen Parlament. Habeck hat, dem feministischen Männerbild entsprechend, der »Frau« Annalena Baerbock den Vortritt bei der Kanzlerkandidatur überlassen. Wie schwer ihm das gefallen sein dürfte, darüber kann wohl nur spekuliert werden. Aber in der feministischen Partei der Grünen war es klar, dass nur eine Frau nominiert werden konnte. Wer aber sind die beiden Personen, die nach Annalena Baerbock in der Partei die größte Rolle spielen?

Robert Habeck, der mit Deutschland nichts anfangen kann

Vaterlandsliebe fand ich stets zum Kotzen. Ich wusste mit Deutschland noch nie etwas anzufangen und weiß es bis heute nicht.[364]

Robert Habeck, 2010

Bevor Annalena Baerbock zur Kanzlerkandidatin nominiert worden war, fanden in der deutschen Journaille die »Robert-Habeck-Festspiele« statt, denn die Medien hatten an dem Philosophen und Schriftsteller einen wahren Narren gefressen: »Habeck, der neue Kanzler«, der »Habeck-Faktor« oder »Ist der nächste Kanzler ein Grüner?« waren nur einige wenige Schlagzeilen[365] dieser Zeit. Und auch im TV hielt der Habeck-Hype an. So hieß es noch vor knapp 2 Jahren in der Anmoderation einer *Maybritt-Illner*-Sendung: »Für die Grünen ist das Kanzleramt in greifbarer Nähe«[366] oder »Dem neuen deutschen Traumduo Baerbock und Habeck scheint alles zu gelingen«[367], und der Journalist Hajo Schumacher (Kolumnist der *Berliner Morgenpost*) redete von Habeck sogar als von »Germany's next Kennedy«[368]. *Der Spiegel* titelte: »Operation Kanzleramt. Weniger Gefühl, mehr Politik – wie sich die Grünen auf die Macht vorbereiten«[369], und Markus Feldenkirchen schrieb in demselben Blatt sogar vom »Dalai Habeck«[370]. Habeck, Habeck, über alles!

Obwohl damit seit der Bekanntgabe von Baerbock als Kanzlerkandidatin vorerst Schluss ist, sind die beiden für den weitgehend vergrünten linken Journalismus *das* Traumpaar. Habeck finden immer noch viele charmant und toll, vor allem die Wählerinnen, er ist ein regelrechter Frauenschwarm. Habeck, der Sensible, der seit der Geburt seiner Söhne schneller weinen muss, wenn er sich kitschige Filme ansieht.[371] Habeck, der sich »bemüht«, Zug zu fahren, und nur dann fliegt, wenn »die Termine nicht anders zu schaffen sind«; privat versucht er, »einen Beutel zum Einkaufen mitzunehmen und keine Plastiktüten zu kaufen«.[372] Doch was so harmlos und unschuldig klingt, hört sich in Sachthemen ganz anders an. Hier sind einige Aussagen von Habeck, die illustrieren, wohin die Grünen unser Land führen wollen:

Wer uns wählt, wählt gravierende Veränderungen.[373]

Auf die Frage, ob er versprechen kann, dass die Umstellung auf den Klimaschutz zu 100 Prozent sozial aufgefangen wird und keiner draufzahlen muss, antwortete Habeck:

> *»Keiner« ist mit Verlaub eine überzogene Forderung in der Politik. [...] Einige werden mehr bezahlen, die Mehrheit wird Vergünstigungen erreichen.*[374]

Natürlich sollten einige Leute ihr Verhalten verändern,
das ist doch klar.[375]

Habeck, der in Dänemark studiert hat, war selbst einmal Umwelt-
und Landwirtschaftsminister in Schleswig-Holstein, und zwar 6 Jahre lang von 2012 bis 2018. Ole Eggers, Landesgeschäftsführer der
Umweltschutzorganisation BUND, kritisierte ihn damals scharf:
»Aber für uns als Umweltverbände ist da auch ein Aber. Denn nur
reden, nützt uns nichts bei den brennenden Fragen.«[376] Genauso wie
mit der Landwirtschaft sei Habeck auch mit dem Thema Klimaschutz
»zu lasch« umgegangen, fand Eggers.[377]

Die Bauernlobby hatte Habecks Politik als »Zumutung«[378] wahrge-
nommen. Der schleswig-holsteinische Bauernverbandspräsident
Werner Schwarz sagte, Habeck habe in seinen 6 Jahren als Minister
überhaupt nichts gelernt. Auch mit den schleswig-holsteinischen Fi-
schern hatte sich Habeck angelegt.[379] Das sind nicht gerade Bestnoten
für einen Spitzenpolitiker, der mit den Themen Umwelt und Klima
tagtäglich auf Stimmenfang geht und das Land radikal umwandeln
will.

Ska Keller – zwischen Punks und Linksextremen

Ska Keller ist mit nur 27 Jahren 2009 erstmals unter dem skurrilen
Motto »Nicht nur Opa für Europa« in das Europäische Parlament
eingezogen. Ihre Arbeitsschwerpunkte sind Handel, Justiz- und
Flüchtlingspolitik.[380]

Bereits »1995 engagierte sich Keller im Tierschutzverein und kämpf-
te im brandenburgischen Guben im ›antirassistischen Jugendverein‹

gegen Ausländerdiskriminierung. [...] Zu den Grünen kam sie im Jahr 2001 mit Eintritt in die Grüne Jugend. Von 2002 bis 2004 war sie Beisitzerin in deren Bundesvorstand. Von 2005 bis 2007 fungierte sie als Sprecherin der Vereinigung Junger Europäischer Grüner (FYEG). 2002 trat sie der Partei BÜNDNIS 90/DIE GRÜNEN bei und war seit 2005 Mitglied im Landesvorstand Brandenburg. Von 2005 bis 2007 studierte sie Islamwissenschaften und Turkologie. 2010 hat sie ihr Studium mit einem Magister abgeschlossen.«[381] Ska Keller ist mit einem Aktivisten verheiratet. Als Abgeordnete verdient sie im Monat 8484,05 Euro.

Keller, ihres Zeichens deutsche Spitzenpolitikerin der Grünen im Europäischen Parlament und Teil der Fraktion Die GRÜNEN/EFA, der sie gemeinsam mit Philippe Lamberts seit 2016 vorsteht, wird allgemein dem linken Flügel der Grünen zugerechnet. Doch das scheint eher eine Verharmlosung zu sein. Denn Keller kommt für mich eindeutig aus dem linksradikalen, wenn nicht sogar linksextremen Lager. In ihrer Jugendzeit schlug sie sich die Nächte mit den Punks der lokalen Antifa um die Ohren und wurde so schlecht in der Schule, dass sie sogar eine Klasse wiederholen musste.[382] Auf ihrem offiziellen Instagram-Account posierte Keller mit einer schwarzen Sturmhaube, dem Markenzeichen der Autonomen, der gewalttätigen Antifa und des kriminellen Schwarzen Blocks.[383]

Im Internet kursiert sogar ein Foto[384], auf dem sie mitten im Plenum des Europaparlaments mit einer kleinen Gruppe und der Antifa-Fahne zu sehen ist. Ihre Ausrede dafür ist so scheinheilig, dass man es kaum glauben kann: »Ich bin kein Mitglied der Antifa, das ist ja auch kein Verein. Die Leute auf dem Foto sind allesamt Europaabgeordnete, und wir wollen einfach ein Zeichen gegen Rechtsextremismus setzen.«[385] Und das ausgerechnet mit der Fahne einer linksextremen Bewegung, die in den USA als Terrororganisation[386] eingestuft werden soll und hierzulande durch viele Gewaltaktionen auf sich aufmerksam macht. Stellen Sie sich einmal vor, ein hochrangiges AfD-Mitglied würde sich im Parlament mit der NPD-Flagge ablichten lassen, was da los wäre!

Robert Habeck, der mit Deutschland nichts anfangen kann, und die Antifa-Sympathisantin Ska Keller sind also Annalena Baerbocks FlügelkämpferInnen, die unser Land in einen radikalen Ökosozialismus treiben wollen. Das scheint ja bestens zu passen.

Kapitel 9

Was will Baerbock wirklich?

Vorab das Ergebnis einer interessanten Umfrage unter rund 5000 potenziellen Wählern vom Mai 2021. Der Anteil der Befragten, die den Grünen in folgenden Politikfeldern die größte Kompetenz zusprechen, verteilt sich folgendermaßen:

► Umwelt und Klima: 42 Prozent
► Digitalisierung: 18 Prozent
► Bildung: 12 Prozent
► Familie: 12 Prozent
► Europa: 12 Prozent
► Arbeitsplätze: 11 Prozent
► Sozialpolitik: 10 Prozent
► Wirtschaft: 7 Prozent
► Außenpolitik: 7 Prozent
► Finanzen: 4 Prozent [387]

Es ist ein mehr als verheerendes Zeugnis für die grünen Weltverbesserer, dass sie nur mit dem Thema Klima und Umwelt punkten können und ansonsten phänomenal untergehen. Dabei hatte Baerbock doch bei ihrer ersten Rede nach ihrer Nominierung zur Kanzlerkandidatin angekündigt, Politik »für die Breite der Gesellschaft« machen zu wollen. Ihre Kandidatur sei zudem »ein Angebot, eine Einladung, unser vielfältiges, reiches, starkes Land in eine gute Zukunft zu führen«.[388] Kitas müssten »schöne Orte« sein, Pflege müsse »funktionieren«, die Demokratie müsse »wehrhaft« sein. Klimaschutz müsse das »Fundament« schaffen für künftigen Wohlstand, für Freiheit und Sicherheit, auch für die Industriearbeiter, »damit wir alle gut leben können«. Klimaschutz sei »die Aufgabe unserer Zeit«, dies werde der Maßstab für eine neue Regierung werden.[389] »Ich trete an für Erneuerung«, sagte Baerbock außerdem, »für den Status Quo sind andere zuständig.«[390] Sie sei »zutiefst davon überzeugt, dass dieses Land einen Neuanfang braucht«.[391] Sie stehe für eine Politik, die sich etwas

Neues traut, »die menschlich und empathisch bleibt«.[392] Dann erinnerte sie an den Innovationsreichtum Deutschlands: »Wir haben das Auto erfunden und das Fahrrad«, außerdem habe Deutschland die Energiewelt revolutioniert und binnen kurzer Zeit einen Impfstoff entwickelt.[393]

Ich versuche mal, die Verklausulierungen von Baerbock bei ihrer ersten Rede zu entschlüsseln:

▶ »Vielfältiges Land« soll wohl heißen, Flüchtlinge sind mehr denn je willkommen (siehe unten).
▶ »Klimaschutz als Fundament« soll wohl heißen, wir müssen unser Leben im Namen des Klimaschutzes und des Ökosozialismus künftig vollkommen umstellen und deren Diktaten unterstellen.
▶ »Damit wir alle gut leben können« soll wohl heißen, dass die Umverteilung munter weitergehen wird: Wer Leistung bringt, wird noch mehr durch höhere Steuern und Abgaben bestraft als bisher, während andere staatlich alimentiert werden.
▶ »Erneuerung« soll wohl heißen, das Althergebrachte und Bewährte wird endgültig auf den Komposthaufen der Geschichte geworfen. Konservatives Denken: ade. Vielfältig, liberal, gender, anarchistisch: willkommen.

Aber das ist alles nur der Anfang von Baerbocks »Umbau«, bei dem das Klimaziel de facto zur Staatsreligion erhoben werden soll:

▶ Autobahnen sollen nicht mehr gebaut werden.
▶ Flugzeuge sollen keine Kurzstrecken mehr fliegen.
▶ Alles Geld soll in den Ausbau der Bahn fließen.
▶ Der steigende Strombedarf der Bahn soll komplett durch Windenergie gedeckt werden. Diese soll auch die Millionen neuen Ladestationen für die E-Autos versorgen. In diesem Zusammenhang ist

die Tatsache interessant, dass es bisher nur 44 000 Ladepunkte gibt (Stand Juni 2021). Demnach müssen 19 E-Autos sich einen Ladepunkt teilen. Um 2030 über eine Million solcher Ladestellen zu verfügen, müssten wöchentlich 2000 davon aufgestellt werden. Zuletzt waren es jedoch nur 250.[394]

► Baerbock will Alternativen schaffen und Geld dafür mobilisieren, was nichts anderes bedeutet, als dem Steuerzahler noch mehr abzupressen als bis dato.

► Die Grünen-Chefin will auch die Fleischproduktion deutlich senken: Wo Klima gerettet wird, fallen eben Bauern über die Klinge. So wird Fleisch zum Luxus, den sich dann nur noch die reiche Wählerschaft der Grünen leisten können wird.[395]

Vor und nach ihrer Nominierung als Kanzlerkandidatin machte Baerbock deutlich, wohin die Reise gehen würde, sollten sie bzw. die Grünen einmal an einer Regierung beteiligt sein oder sie sogar anführen. Hier das grüne »Horror-Szenario«:

Energie-, Klima- und Umweltpolitik

► Die EU hat im April 2021 beschlossen, ihre Treibhausgasemissionen bis 2030 um 55 Prozent gegenüber 1990 zu reduzieren. Den grünen Klimahysterikern ist das natürlich nicht genug, so haben sie auf EU-Ebene zuletzt 60 Prozent gefordert, für Deutschland sollen es gar 70 Prozent sein.[396] Das würde wahrscheinlich nicht nur zu heftigem Ärger mit der deutschen Industrie, sondern auch mit östlichen EU-Ländern wie Polen führen, die noch stark vom Kohlestrom abhängen.[397]

► Baerbock forderte einen Kohleausstieg bis 2030, also schon in den nächsten 9 Jahren.[398]

▶ Auch 1,5 Millionen neue Solardächer sollen in den kommenden 4 Jahren angesteuert werden. Dafür wollen die Grünen Solardächer zum Standard machen. Beginnend mit Neubauten, wollen sie diesen Standard über öffentliche und Gewerbegebäude sowie Dachsanierungen perspektivisch auf den Bestand ausweiten.[399]

▶ Mit ihr soll ein Tempolimit von 130 Kilometer pro Stunde eingeführt werden.[400]

▶ »Spätestens« ab 2030 sollen nur noch emissionsfreie Autos zugelassen werden.[401]

▶ Baerbock strebt nach der Wahl die Erhöhung der Benzinpreise um weitere 16 Cent an: »Sechs Cent Preiserhöhung gab es jetzt zum Jahresbeginn, weil erstmalig auch ein CO_2-Preis auf Benzin eingeführt worden ist. Wir sagen, dass das schrittweise weiter angehoben werden muss auf die 16 Cent.«[402] Über zwei Drittel der Deutschen lehnen dies allerdings ab.[403]

▶ Agrarsubventionen sollen sich am »Gemeinwohl« orientieren, nicht mehr an der »Fläche«.[404]

▶ Tierbestände und die Fleischproduktion will Baerbock »sehr deutlich«[405] reduzieren. Was das heißt dürfte klar sein: Fleisch wird erheblich teurer werden, womöglich so teuer, dass es sich die ärmeren Menschen gar nicht mehr leisten können. Aber ein eingeschränkter Fleischkonsum passt zu den Vorstellungen des Weltwirtschaftsforums.(siehe Kapitel »Weltwirtschaftsforum: Gräser- statt Fleischessen«).

▶ Im Lichte des Pariser Klimaabkommens will Baerbock außerdem den Industriestandort Deutschland in die Zukunft führen.[406]

▶ Ebenso plädiert sie für die Produktion von klimaneutralem (also ohne Ausstoß von Treibhausgasen wie Kohlendioxid produziertem) europäischen Stahl.[407]

▶ In einem Interview mit dem *Deutschlandfunk* forderte sie den Umbau der deutschen Unternehmen und Produktionsstätten.[408]

▶ Auch »Klimazölle« sind kein Tabuthema mehr.[409]

▶ Das innerdeutsche Fliegen will sie uns verbieten und stattdessen bis 2035 das Bahnnetz verbessern.[410]

Hintergrund: Die Grünen als Vielflieger

Die »deutsche Greta« Luisa Neubauer, die in Deutschland zu den führenden Fridays-for-Future-Aktivistinnen gehört, wird in Insiderkreisen »Vielflieger-Luisa« genannt, weil sie durch die ganze Welt jettete.[411] Doch der Grüne Dieter Janecek forderte schon 2019: »Die Lust-Vielfliegerei muss eingedämmt werden.« Jeder Bürger soll nur noch ein begrenztes Budget an Flugreisen, praktisch drei »Klima-Joker« pro Jahr bekommen. Sind diese aufgebraucht, soll jeder weitere Flug Strafgebühren kosten.[412] Doch Janecek flog selbst nach Peking, um über »alternative Antriebe« zu sprechen.[413] Auch hier zeigt sich wieder ein größerer Anspruch an andere als an sich selbst. Typisch Grüne eben. Die Sendung *Kontraste* untersuchte bereits 2019 die Fluggewohnheiten der grünen Bundestagsabgeordneten. Das Ergebnis war verheerend für die Ökosozialisten:

- **Parteichef Robert Habeck** flog nach Indien, um dort für die Klimawende zu werben.[414]
- **Cem Özdemir** wurde in Südamerika erwischt. Er rechtfertigte sich so: »Stimmt, nach Argentinien rudere ich nicht, sondern wenn ich meine Familie besuche, fliege ich dahin. Das lässt sich nicht vermeiden.« Im Übrigen hält er die Flugbudgets für »nicht praktikabel«.[415] Auf Twitter schrieb er mit Sonnenbrille, Hut und Poncho: »Habe auf 4380 Metern Höhe über Neujahr mit Tochter & auf dem Pferderücken [...] die Anden überquert & Energie für das neue Jahr getankt.«[416]
- **Fraktionschef Anton Hofreiter** flog ins ewige Eis nach Grönland. Auf Facebook verkündete er: »Ich bin für drei Tage nach Grönland in die Arktis gereist. Es hat mich erschüttert, die Auswirkung des Klimawandels so mit eigenen Augen zu sehen.« Seine Entschuldigung: »Man hofft dabei immer, durch das, was man politisch erreicht, durch den politischen Impact, deutlich mehr zu erreichen, als wie der eigene persönliche Lebensstil an CO_2-Ausstoß bewirkt.« Und: »Wenn man transatlantisch in dem knappen Zeitkontingent das alles mit dem Schiff fahren könnte, würde der CO_2-Ausstoß auch nicht optimal sein.«[417]

- Die Grüne Bundestagsvizepräsidentin **Claudia Roth** flog sogar 41 000 Kilometer, um das Klima zu »retten«. Buisness-Class ging es quer um die Welt, von den Fidschi-Inseln nach Bangladesch und dann nach Sydney und Brisbane. Ihre Öko-Bilanz: 17 Tonnen CO_2.[418]
- Der Berliner Grünen-Politiker **Georg Kössler** setzte einen Tweet ab, der für Empörung sorgte. Klima-Aktivisten in NRW hatten nämlich die Möhrenfelder eines Bauern zertrampelt, woraufhin der Grüne Kössler twitterte: »Deine Möhren sind nicht wichtiger als unser Klima. Sorry.«[419] Doch kurze Zeit später kam heraus, dass der Grüne ein Vielflieger ist und um die ganze Welt jettet. Dies wurde anhand von Kösslers Instagram-Fotos aus fernen Ländern (u. a. Myanmar, Thailand, USA) rekonstruiert.[420]

Die oben erwähnte Sendung *Kontraste* resümierte: »Fliegen und grüner Lebensstil. Das scheint zusammenzugehören. Mehr als Anhänger anderer Parteien sagen Grüne: ›Ich fliege gern.‹ Sie fliegen auch am meisten. Und leisten sich dafür, der Umwelt zuliebe ›ein richtig schlechtes Gewissen‹ zu haben.«[421]

Annalena Baerbock antwortete damals auf die Frage »Wie stehen Sie zu der Forderung von persönlichen Flugkontingenten?«: »Ich halte das für keinen sinnvollen Vorschlag, weil die Frage, wie man unsere Wirtschaft ökologisiert, die muss nicht individuell geklärt werden, sondern der Rahmen muss richtig gesetzt werden. Deswegen brauchen wir eine Kerosinbesteuerung.«[422]

Die Forschungsgruppe Wahlen befragte schon vor einiger Zeit Bürger nach ihrer Einstellung zu Flugreisen. Diejenigen, die am meisten fliegen, sind mit Abstand die Grünen-Wähler: 49 Prozent gaben mindestens einen Flug in den letzten 12 Monaten an – von wegen »Flugscham«! Unter den Wählern der Linken sind es 42 Prozent, der CDU/CSU 36 Prozent und der SPD 32 Prozent.[423] Noch deutlicher war der Unterschied bei jenen Befragten, die noch nie in ihrem Leben geflogen sind, denn als einzige Wählergruppe kamen die Grünen hier auf null Prozent. Bei den anderen Parteien lag der Anteil der Nichtflieger zwischen 13 Prozent (SPD) und 17 Prozent (Linke).[424]

Die grüne Flugfreude erklärt sich auch durch die gesellschaftliche Stellung von Grünen-Wählern, diese sind nämlich vergleichsweise jung, gut ausgebildet und gut verdienend.[425] CSU-Fraktionschef Thomas Kreuzer brachte schon vor 2 Jahren die Scheinheiligkeit der Grünen in einem Interview mit *FOCUS online* auf den Punkt: »Verzicht zu predigen, ihn aber nicht zu praktizieren. Es ist bekannt, dass die grünen Abgeordneten diejenigen sind, die am häufigsten mit dem Flugzeug reisen. Eine Grüne Landtagsabgeordnete [gemeint war Katharina Schulze/MGR] hat sogar via Facebook verbreitet, dass sie zum Eisessen in die USA geflogen ist. Mir fehlt es bei so was an Glaubwürdigkeit.«[426] Das Fliegen also teurer machen wollen, aber selbst um die Welt jetten. Die Grünen-Klientel und die Grünen-Abgeordneten können sich das leisten, zeigen aber mit dem ausgestreckten Finger auf andere. Wieder einmal: Grüne Doppelmoral at it's best!

▶ Für den Fall der Beteiligung ihrer Partei an der künftigen Bundesregierung sprach sich Baerbock schon einmal für die Festlegung konkreter Treibhausgas-Sparziele aus.[427]

▶ Bis zur Mitte der 2020er-Jahre soll die jährliche Ausbauleistung an erneuerbaren Energiequellen gegenüber der bisherigen Quote verdoppelt werden.[428] Was das bedeutet, dürfte ebenso klar sein, und wir sehen die ersten Auswirkungen schon heute, denn Kraftstoffe und Heizmaterialien werden immer teurer.

▶ Der CO_2-Preis müsse Investitionen in klimaneutrale Produktionsweisen belohnen; Klimaschädigung dagegen sei zu verteuern.[429]

▶ Um den »Kohleausstieg bis zum Ende dieses Jahrzehnts« zu realisieren, ist nach Baerbock »fünfmal so viel Windkraft an Land [zu] bauen wie jetzt«.[430] Wenn man aber nachrechnet, wie viele Windkraftparks für fünfmal so viel Windkraft nötig sein werden, weiß man, wie viele Wälder und Arten die Beschützer von Wäldern und Artenvielfalt zu vernichten bereit sind. Doch das bedeutet riesige Profite für die Windkraftanlagenproduzenten und Windkraftparkbetreiber und viel höhere Kosten für die deutschen Steuerzahler.[431]

Wir werden sowieso alle bezahlen, nur merken soll es keiner. Genau das ist also Baerbocks Politik für den »kleinen Mann«!

Hintergrund: Das grüne »Geheimpapier«

Das grüne Positionspapier der parteinahen Heinrich-Böll-Stiftung mit dem Titel »A Societal Transformation Scenario for Staying Below 1.5 °C«[432] hat es in sich. Es wurde im Dezember 2020 mehr oder weniger unter Ausschluss der Öffentlichkeit präsentiert und liegt bisher nur in englischer Sprache vor. Offenbar will die Grünen-Parteispitze nicht so viel Aufmerksamkeit auf dieses Papier lenken.

Die brisante Kernaussage dieser Studie ist, dass der CO_2-Ausstoß nicht primär durch technischen Fortschritt und Innovation, sondern durch eine komplette Umstellung des Lebens aller Bürger verringert werden soll. Sie zeigt, wie wir durch eine Verringerung der Produktion und des Verbrauchs im globalen Norden unter 1,5 Grad C bleiben können.[433] Der Klimawandel soll also **nicht nur technologisch,** sondern durch einen **Umbau der Gesellschaft** bekämpft werden: »The current debate circles almost entirely around technological change and does not take into account the huge potential of societal and economic change«[434] (auf Deutsch: »Die aktuelle Debatte dreht sich fast ausschließlich um den technologischen Wandel und ignoriert das enorme Potenzial des gesellschaftlichen und wirtschaftlichen Wandels«).

Um das Klimaziel zu erreichen, soll offenbar das Wohlstandsniveau abgesenkt werden, was für mich bedeutet, dass eine gezielte Verarmung der Menschen hingenommen werden soll. Als Helfer sollen Zwang und Verzicht auf Lebensqualität, Konsum und Individualität dienen – genau das also, was die grünen Apologeten tagein, tagaus propagieren.[435]

Zynisch wird es auf Seite 9, wenn die Studienautoren behaupten: »Although these changes might not have a direct impact on GHG emissions, they are prerequisites to increasing human well-being while reducing material consumption«[436] (auf Deutsch: »Obwohl diese Änderungen möglicherweise keine direkten Auswirkungen auf die Treibhausgasemissionen haben, sind sie Voraussetzung für die Steigerung des menschlichen Wohlbefindens bei gleichzeitiger Reduzierung des Warenkonsums«).

Die Grünen wollen also mit erzwungenem Verzicht unser Wohlbefinden steigern, oder, anders ausgedrückt, einen »besseren« Menschen kreieren. Es ist ein gigantisches Menschen- und Gesellschaftsoptimierungsexperiment. Das ist allerdings rückwärtsgewandt, technik- und demokratiefeindlich, eine Dystopie, wie sie sie sich George Orwell nicht besser hätte ausdenken können. Und damit sind die Grünen sogar noch radikaler als der Chef des Weltwirtschaftsforums Klaus Schwab, aus dessen Kaderschmiede Annalena Baerbock stammt.

Flüchtlingspolitik

In ihrem Buch *Jetzt. Wie wir unser Land erneuern* schreibt Baerbock, dass »wir uns von dem Dogma verabschieden, dass bei der Verteilung der Geflüchteten in Europa alle EU-Staaten mitmachen. [...] Ich will, dass Deutschland bei der Verteilung feste Zusagen macht und so mit den Mitgliedsländern vorangeht [...]«[437] Ebenso fantasiert sie von der »Ausweitung« von »sicheren und gesteuerten Fluchtwegen«, von »Kontingenten, Resettlement und Familienzusammenführung« und davon, dass »alle Menschen, die in den Staaten mit EU-Außengrenzen ankommen, erstversorgt und registriert und dann zügig auf die aufnehmenden Staaten und in die Regionen mit Kapazitäten verteilt werden«.[438] Zur Illustration beschreibt sie eine Szene, die sie in der Autonomen Region Kurdistan erlebt hatte, wo sie Juni 2019 das Flüchtlingslager Camp Kabarto besucht hatte: »Mir rannen Tränen über die Wangen. Beim Schreiben tun sie das noch heute.«[439]

▶ So verwundert es nicht, dass Baerbock bereits ein paar Wochen später, nämlich am 20. Juni 2019, eine Wende in der europäischen Flüchtlingspolitik forderte. So sollten die Staats- und Regierungschefs »endlich ein großzügiges Kontingent für die legale Flucht nach Europa beschließen«.[440] In der Praxis bedeutet dies, dass noch mehr Flüchtlinge aufgenommen werden sollen, und natürlich wird sich Deutschland – wie bereits in der Vergangenheit – dabei besonders hervortun.

▶ Außerdem schlug sie vor, Erstaufnahmeeinrichtungen an den EU-Außengrenzen aufzubauen, an denen Flüchtlinge schnell registriert, einer Sicherheitsprüfung und einem Datenabgleich unterzogen werden können, um sie schnellstmöglich in der EU verteilen und dann Asylverfahren einleiten zu können.[441]

Hintergrund: Grenzen auf für alle?
Die Ausländer- und Asylpolitik der Grünen

Einbürgerungen erleichtern

Der Entwurf und das grüne Wahlprogramm beinhalten auch die ausländerpolitischen Pläne der Grünen – und die haben es wahrlich in sich! Allerdings bringen die Autoren ihre wahren Absichten teilweise verklausuliert und hinter schönfärberischen Floskeln versteckt zum Ausdruck. Man muss also genau lesen.

Unter der Überschrift »Wir gestalten die vielfältige Einwanderungsgesellschaft«[442] machen die Grünen deutlich, dass sie von echter Integration, also der Anpassung von Immigranten an die in Deutschland geltenden Regeln und Gepflogenheiten, wenig halten. Integration wird mit »Teilhabe« übersetzt und sei ein »wechselseitiger Prozess«, der »sowohl Anforderungen an die, die zu uns kommen, als auch an alle, die schon länger hier leben«, stelle.[443] Dies lässt den Schluss zu, dass es letztlich die einheimische Bevölkerung sein wird, die sich unter der Ägide einer links-grünen Bundesregierung noch stärker den Wünschen und kulturellen Eigenarten der Zuwanderer anzupassen hat, als das schon heute der Fall ist, und nicht umgekehrt.

Überdies wollen die Grünen die Einbürgerung von Ausländern weiter erleichtern, denn bereits »nach fünf Jahren Aufenthalt in Deutschland sollen alle einen Antrag auf Einbürgerung stellen können«[444]. Diesen Satz muss man genau lesen, denn er enthält erheblichen Sprengstoff. Nach geltendem Recht kann sich ein Ausländer bei uns nämlich nach 8 Jahren rechtmäßigen Aufenthalts einbürgern lassen. Die Grünen aber wollen, dass ein Einbürgerungsantrag bereits nach 5 Jahren gestellt werden kann, und zwar unabhängig davon, ob sich der Antragsteller rechtmäßig in Deutschland aufhält oder nicht.[445]

Somit könnten auch geduldete Ausländer, also Personen, die ausreisepflichtig sind, deren Abschiebung aber – aus welchen Gründen auch immer – wiederholt ausgesetzt worden ist (sogenannte »Kettenduldung«), nach 5 Jahren den deutschen Pass erhalten. Das ist zum heutigen Zeitpunkt nicht der Fall. Denn der Duldungsstatus begründet keinen rechtmäßigen Aufenthalt in Deutschland, und selbst ausländische Staatsbürger, die »vollziehbar ausreisepflichtig« sind, wie es im Amtsdeutsch heißt, die also nicht einmal einen Duldungsgrund geltend machen können, würden in den Genuss der erleichterten Einbürgerung kommen. Voraussetzung dazu wäre lediglich, dass sie 5 Jahre in Deutschland gelebt haben.[446]

Diese Zeitspanne dürfte jeder einigermaßen geschickt agierende Asylbewerber auch nach Ablehnung seines Antrags durch das BAMF – notfalls mit Unterstützung eines gewieften Fachanwalts – überbrücken können. Kopp-Autor Torsten Groß spricht Klartext dazu: »Kurzum: Illegal in Deutschland befindliche Ausländer, von denen es derzeit etwa 270 000 gibt, sollen nicht etwa abgeschoben, sondern in legale Zuwanderer umgemünzt werden!«[447]

Ebenso großzügig wollen die Grünen bei der Vergabe des deutschen Passes mit Ausländern verfahren, die in Deutschland geboren sind. Diese sollen die deutsche Staatsbürgerschaft erhalten können, »wenn ein Elternteil rechtmäßig seinen gewöhnlichen Aufenthalt in Deutschland«[448] hat. Nach heutigem Recht ist das erst möglich, wenn ein Elternteil mindestens 8 Jahre rechtmäßig in der Bundesrepublik gelebt hat. Dazu Torsten Groß: »Das sog. ›Geburtsortprinzip‹ (ius solis), das im Jahre 2000 unter der rot-grünen Bundesregierung von Kanzler Schröder eingeführt worden ist, würde so auf weitere Personengruppen wie etwa anerkannte Asylbewerber und Flüchtlinge ausgeweitet, die erst seit kurzem im Land sind. Deren Kinder würden automatisch Deutsche, was letztlich einem Abschiebeschutz auch für die Eltern zumindest bis zur Volljährigkeit ihrer Sprößlinge gleichkäme. Und sogar die Kinder eigentlich ausreisepflichtiger Ausländer könnten so zu einem deutschen Pass und damit einem lebenslangen Bleiberecht kommen. Denn wenn es nach 18 Monaten Duldung nicht gelungen ist, einen Migranten zum Verlassen des Landes zu motivieren oder abzuschieben, hat der nach § 25 Abs. 5 Aufenthaltsgesetz schon heute unter bestimmten Voraussetzungen Anspruch auf eine Aufenthaltserlaubnis, die einen ›rechtmäßigen Aufenthalt‹ begründen kann.«[449]

Auch die Beschreibung »alle« Ausländer macht mich sehr nachdenklich. Subsumiert das auch jene Menschen, die heute von einer Einbürgerung ausgeschlossen sind, weil es ihnen beispielsweise an ausreichenden deutschen Sprachkenntnissen fehlt, sie den Lebensunterhalt für sich oder ihre Angehörigen nicht bestreiten können, sie das Bekenntnis zur freiheitlich-demokratischen Grundordnung verweigern oder gar wegen einer Straftat rechtskräftig verurteilt worden sind?

Doch der Einbürgerungswahn der Grünen kennt noch eine Steigerung: »Hindernisse bei der Identitätsklärung, die nicht in der Hand der Einzubürgernden liegen, dürfen ihnen nicht angelastet werden.«[450] Das heißt im Klartext: Ein Ausländer soll auch dann die deutsche Staatsbürgerschaft erhalten dürfen, wenn seine Identität *nicht* eindeutig geklärt werden kann – sofern nicht nachweisbar ist, dass der Betroffene dieses Manko selbst verschuldet hat, was im Einzelfall sowieso schon Probleme bereitet. Dazu merkt Torsten Groß an: »Die von den Grünen angestrebte Neuregelung würde ausländischen Kriminellen, Extremisten und Terroristen die Möglichkeit eröffnen, sich mit dem deutschen Pass eine neue, amtlich bestätigte Identität zu verschaffen, und das schon nach 5 Jahren Aufenthalt in Deutschland. Ein unkalkulierbares Risiko für die innere Sicherheit in Deutschland und EU-Europa!«[451]

Ich fasse noch einmal zusammen:
- Statt nach 8 Jahren wollen die Grünen die Einbürgerung bereits nach 5 Jahren ermöglichen, und zwar egal, ob sich der Antragsteller rechtmäßig in Deutschland aufhält oder nicht. Dadurch könnten illegal in Deutschland befindliche Ausländer, die nicht abgeschoben werden können, in legale Zuwanderer umgemünzt werden.

- Kinder, die hier geboren wurden, sollen die deutsche Staatsbürgerschaft erhalten können, wenn ein Elternteil rechtmäßig seinen gewöhnlichen Aufenthalt in Deutschland hat, und nicht wie bisher, wenn ein Elternteil 8 Jahre lang rechtmäßig in Deutschland gelebt hat.
- Das Geburtsortsprinzip würde so auf weitere Personengruppen wie etwa anerkannte Asylbewerber und Flüchtlinge ausgeweitet werden, die erst seit Kurzem im Land sind. Deren Kinder würden automatisch Deutsche werden, was letztlich einem Abschiebeschutz auch für die Eltern zumindest bis zur Volljährigkeit ihrer Sprösslinge gleichkäme.
- Sogar die Kinder eigentlich ausreisepflichtiger Ausländer könnten so zu einem deutschen Pass und damit einem lebenslangen Bleiberecht kommen.
- Ein Ausländer soll auch dann die deutsche Staatsbürgerschaft erhalten dürfen, wenn seine Identität nicht eindeutig geklärt werden kann – sofern nicht nachweisbar ist, dass der Betroffene dieses Manko selbst verschuldet hat, was im Einzelfall durchaus Probleme bereitet. So können sich durchaus auch ausländische Kriminelle, Extremisten und Terroristen einen deutschen Pass verschaffen.

Asyl- und Flüchtlingspolitik

Die Einwanderungspolitik der Grünen soll also im Kern darauf hinauslaufen, die Grenzen der EU und Deutschlands sowohl für »Schutzsuchende« als auch für Arbeitsmigranten aus Drittstaaten weit zu öffnen, sodass die Zuwanderung massiv erhöht werden würde. Geht es nach den Plänen der Grünen, so soll Deutschland auch in Zukunft das Gros der nach Europa kommenden »Schutzsuchenden« aufnehmen.

Der programmatische Anspruch der Partei ist zudem, die »vielfältige Einwanderungsgesellschaft«[452] zu gestalten. Großen Raum nimmt dabei ihre Reform der Asyl- und Flüchtlingspolitik ein. Sogenannte »Geflüchtete«, die auf dem Land- oder Seeweg unerlaubt in die Europäische Union einreisen, sollen in den Grenzstaaten (beispielsweise Griechenland und Italien) zunächst in »gemeinschaftlichen von den europäischen Partnern geführten Einrichtungen innerhalb der EU«[453] registriert und einem ersten Sicherheitscheck unterzogen werden.

Zwar ist in der Dublin-III-Verordnung vorgesehen, dass die Flüchtlinge in diesen Einrichtungen verbleiben sollen. Das kümmert die Grünen aber nicht, denn sie wollen die Flüchtlinge stattdessen zeitnah auf die Mitgliedsstaaten verteilen. Welches Land welche Flüchtlinge aufzunehmen hat, soll die EU-Agentur für Asylfragen (EASO, das Europäische Unterstützungsbüro für Asylfragen) unter Berücksichtigung »persönlicher Umstände wie familiärer Bindungen oder der Sprachkenntnisse«[454] bestimmen.

Klar ist für mich: Da mit Abstand die meisten Asylbewerber in Europa nach Deutschland wollen und hier auch Zuflucht gefunden haben, ist die Wahrscheinlichkeit, dass neu einreisende Migranten auf Angehörige in der Bundesrepublik verweisen können, natürlich sehr hoch. Dazu muss man kein Hellseher sein, sondern nur die Vergangenheit betrachten.

Sollte eine freiwillige Aufnahme scheitern oder sollten die bereitgestellten Kapazitäten nicht ausreichen, so die Vorstellung der Grünen, dann haben die Staaten ihr Aufnahmeangebot in Abhängigkeit von Bruttoinlandsprodukt und Bevölkerungsgröße (und nicht etwa der Bevölkerungsdichte!) verpflichtend auszuweiten.[455] Auch hier gilt, dass Deutschland als formal reichster und zugleich bevölkerungsstärkster Mitgliedsstaat der Europäischen Union auch in dieser Hinsicht am stärksten gefordert sein würde. Der immer wieder betonte Entlastungseffekt einer EU-Flüchtlingsquote träte bei diesem Modell also für unser Land ganz und gar nicht ein, das genaue Gegenteil wäre der Fall.

Torsten Groß analysiert das so: »Der von den Grünen gewollte Verteilmechanismus soll, und das ist wichtig, alle Asylbewerber umfassen, also auch solche, die offensichtlich nicht verfolgt sind, also weder der Genfer Flüchtlingskonvention noch dem deutschen Asylgrundrecht unterfallen. Das betrifft etwa 60–70 Prozent aller Migranten, die aus Drittstaaten kommend unerlaubt in die Europäische Union einreisen. Diese Personen sollen nicht etwa aus den Ersteinreiseländern wie Griechenland direkt wieder in ihre Herkunftsstaaten zurückgeführt werden, sondern das Asylverfahren im von der EASO bestimmten EU-Aufnahmestaat durchlaufen. Die Erfahrung zeigt, dass es gerade deutschen Ausländerbehörden kaum gelingt, abgelehnte Asylbewerber nach längerem Aufenthalt in der Bundesrepublik zur freiwilligen Ausreise zu bewegen oder abzuschieben. Das wissen die Grünen natürlich. Dazu passt es, dass sich die Partei vehement dagegen ausspricht, Herkunfts- oder Drittstaaten, in denen es keine Verfolgung von Menschen im Sinne der Genfer Flüchtlingskonvention gibt, als ›sicher‹ einzustufen, was ein verkürztes Asylverfahren ermöglichen und damit auch die Chance erhöhen würde, die aus solchen Ländern kommenden Menschen zeitnah in ihre Heimat zurückzuführen.«[456]

Im Wahlprogrammentwurf der Grünen heißt es zudem, man wolle mit »humanitären Visa [...] Schutzbedürftigen die Möglichkeit geben, sicher nach Europa zu kommen und hier um Asyl zu ersuchen«[457]. Was bedeutet das in der Praxis? Humanitäre Visa werden von Botschaften im Ausland ausgestellt und erlauben es Migranten, legal in den jeweiligen Staat einzureisen, um dort ihr Asylverfahren zu betreiben. Deutschland handhabt die Vergabe solcher Visa sehr restriktiv, um einen weiteren Anstieg der ohnehin hohen Zuwandererzahlen zu verhindern. Die Grünen wollen diese Praxis aber ändern.

Darüber hinaus wollen die Grünen die Aufnahme von Migranten im Rahmen des Resettlement-Programms der UNO ausweiten.[458] Unter »Resettlement« wird die »dauerhafte Umsiedlung« von besonders gefährdeten und schutzbedürftigen Flüchtlingen vom Erstaufnahmeland in einen Drittstaat wie beispielsweise Deutschland verstanden. Im umstrittenen Global Compact of Migration ist eine Verstärkung des Resettlement vorgesehen. Allerdings geht es bei dieser Form des Zuzugs tatsächlich nur um sehr verletzliche Menschen, die einen erhöhten Schutzbedarf haben wie etwa Frauen mit Kindern, Minderjährige und kranke Menschen. Ungefähr die Hälfte der Asylantragsteller in Deutschland sind aber junge Männer im Alter von bis zu 34 Jahren, Personen also, die in der Regel nicht als besonders gefährdet gelten.[459]

Torsten Groß sagt dazu:»Selbstverständlich wollen die Grünen auch den Zustrom dieser problematischen Personengruppe, die entscheidend zur überproportionalen Kriminalitätsbelastung von Migranten in Deutschland beiträgt, nicht bremsen. Im Bundestagswahlprogramm findet sich deshalb der lapidare Satz: ›Das individuelle Asylrecht bleibt durch das Resettlement unangetastet.‹[460] Übersetzt heißt das: Die von den Grünen gewollte Ausweitung der kontrollierten Umsiedlung von Migranten im Rahmen des UNO-

Programms soll den illegalen Zuzug von Asylsuchenden nicht etwa
ersetzen, sondern nur ergänzen, was unter dem Strich zu einem Anstieg der
Zuwanderung nach Deutschland führte.«[461]
Zudem wollen die Grünen den Flüchtlingsdeal mit der Türkei kippen und
die Zusammenarbeit mit der libyschen Küstenwache beenden, die illegale
Zuwanderer auf zumeist seeuntauglichen Booten in den Küstengewässern
des Landes abfängt, um sie an der Weiterfahrt nach Europa auf der zentralen
Mittelmeerroute zu hindern. Stattdessen fordern die Grünen eine »zivile und
flächendeckende, europäisch koordinierte und finanzierte Seenotrettung«[462].
Für mich bedeutet das: Das juristisch umstrittene Treiben der sogenannten
»Seenotretter« auf dem Mittelmeer soll ausgeweitet und von der EU sogar
noch logistisch und materiell unterstützt werden.
Torsten Groß kommentiert diesen Plan so: »Unter dem Deckmäntelchen
der Humanität wollen die Grünen die von der Europäischen Union und
Deutschland nach 2015 mühsam errichteten Barrieren gegen den unkon-
trollierten Zustrom von Wirtschafts- und Armutsmigranten aus Afrika und
Asien schleifen. Sollte sich die Partei nur mit einem Teil ihrer flüchtlings-
politischen Forderungen durchsetzen, würde das einen Migrations-Tsunami
in Richtung Mitteleuropa auslösen, der die Flüchtlingskrise von 2015 zu
einem unbedeutenden Randereignis der Geschichte verblassen ließe! [...]
Fazit: ›Grenzen auf für alle‹ – so lassen sich die einwanderungspolitischen
Forderungen im Bundestagswahlprogramm der Grünen jenseits aller rhetori-
schen Schönfärberei auf einen kurzen Nenner bringen.«[463]

Auch zu diesem Thema fasse ich die Vorstellungen der Grünen noch
einmal zusammen:
• Die Dublin-III-Verordnung, nach der Flüchtlinge in Erstaufnahmeeinrichtungen verbleiben, soll gekippt werden.
• Eine »EU-Agentur für Asylfragen« soll unter Berücksichtigung »persönlicher Umstände wie familiärer Bindungen oder der Sprachkenntnisse«
  die Flüchtlinge verteilen. Dies hätte zur Folge, dass die meisten von ihnen
  nach Deutschland kommen würden, so wie dies bereits in der Vergangenheit der Fall gewesen ist.

- Wenn freiwillige Aufnahmen nicht reichen, dann haben die Staaten ihr Aufnahmeangebot in Abhängigkeit von Bruttoinlandsprodukt und Bevölkerungsgröße (und nicht etwa der Bevölkerungsdichte!) verpflichtend auszuweiten. Dies würde wiederum Deutschland am stärksten betreffen.
- Der von den Grünen gewünschte Verteilmechanismus soll – und das ist wichtig – *alle* Asylbewerber umfassen, also auch solche, die offensichtlich nicht verfolgt sind, also weder unter die Genfer Flüchtlingskonvention noch das deutsche Asylgrundrecht fallen.
- Sogenannte »humanitäre Visa« sollen die Aufnahme in Deutschland erleichtern.
- Die Grünen wollen den Flüchtlingsdeal mit der Türkei (dort »warten« immerhin 3,7 Millionen Flüchtlinge!) kippen und die Zusammenarbeit mit der libanesischen Küstenwache beenden.
- Das juristisch umstrittene Treiben der sogenannten »Seenotretter« auf dem Mittelmeer soll sogar noch ausgeweitet werden.

Das heißt offenbar: Grenzen auf für alle!

Migration und Integration

Die grüne Kanzlerkandidatin geht in Sachen Migration und Integration mit gutem Beispiel voran: 2016 nahm sie zusammen mit ihrem Mann beim Welcome Dinner in Potsdam teil und lernte dort eine syrische Familie kennen, die sie dann bei der Wohnungssuche unterstützte.[464] »Integration gelingt nur mittendrin«, heißt es vielsagend in einer Zwischenüberschrift des Programmkapitels »Wir gestalten die vielfältige Einwanderungsgesellschaft«.[465]

Die praktische Umsetzung dieser Forderung könnte für Deutschland teuer werden – sehr teuer. Konkret fordert die grüne Partei eine Abschaffung des Asylbewerberleistungsgesetzes (AsylbLG), in dem geregelt ist, welche materiellen Leistungen Asylanten, Geduldeten und vollziehbar zur Ausreise verpflichteten Ausländern in Deutschland zustehen.[466] Würde aber diese Norm gestrichen werden, unterfiele auch dieser Personenkreis den Regelungen des SGB II, hätte also Anspruch auf Grundsicherungsleistungen wie ALG II oder Sozialhilfe. Doch die fallen deutlich höher aus als die Unterstützung nach dem AsylbLG. Ein alleinstehender volljähriger Asylbewerber beispielsweise, der nicht in einer Sammelunterkunft wohnt, erhält aktuell insgesamt 364 Euro im Monat. Würde er dagegen Hartz IV bekommen, wären es 446 Euro, also monatlich 82 Euro oder knapp 23 Prozent mehr.[467] Torsten Groß malt die Konsequenzen aus: »Man muss sich das einmal vorstellen: Ausländer, die unerlaubt in die Bundesrepublik eingereist sind, nach unseren Gesetzen keinen Aufenthaltsanspruch haben und sich weigern, unser Land wieder zu verlassen, sollen mit ihrer Ankunft in der Bundesrepublik dieselben Sozialtransfers erhalten wie einheimische Hilfeempfänger nach zumeist langjähriger Berufstätigkeit – und das obwohl die Neuankömmlinge nie einen Cent in die Kassen unseres Gemeinwesens eingezahlt haben!

Dasselbe gilt für die Gesundheitsversorgung. Heute regelt § 4 AsylbLG, dass ein Asylbewerber in den ersten 18 Monaten seines Aufenthalts in Deutschland oder bis zur Anerkennung als Schutzberechtigter nur eingeschränkte medizinische Leistungen etwa bei akuten Erkrankungen, Schmerzen oder Schwangerschaft in Anspruch nehmen kann. Die Grünen fordern dagegen, Asylsuchenden sofort den vollen Krankenversicherungsschutz zu gewähren[468], was erhebliche Mehrbelastungen für die ohnehin defizitären gesetzlichen Kassen bzw. den Steuerzahler mit sich brächte. Es bestünde überdies die Gefahr, dass Migranten zum Beispiel aus Westbalkanstaaten nur deshalb nach Deutschland immigrierten und hier einen Asylantrag stellten, um in der Zeit ihres Aufenthaltes teure Behandlungen wie Operationen auf Kosten des deutschen Gesundheitssystems durchführen zu lassen. Um einen solchen Missbrauch zu verhindern, sieht die jetzige gesetzliche Regelung eine Wartezeit von 18 Monaten vor, die nach dem Willen der Grünen abgeschafft werden soll!«[469] Zusätzliche Belastungen für die gesetzliche Krankenkasse würde die im Wahlprogramm ebenfalls propagierte Ausweitung des Familiennachzugs zu Flüchtlingen und subsidiär geschützten Migranten mit sich bringen, weil Ehefrauen und Kinder kostenlos mitversichert sind, also keine eigenen Beiträge zu entrichten haben.[470]

Eine weitere brisante Forderung der Grünen betrifft die Aufenthaltsdauer von Asylbewerbern in Erstaufnahmeeinrichtungen, denn diese soll von den heute gültigen (bis zu) 18 Monaten auf 6 Monate verkürzt und Migranten sollen vorrangig »dezentral« untergebracht werden.[471] Das heißt nichts anderes, als dass »Geflüchtete« möglichst rasch eigene Wohnungen erhalten sollen, und das bei dem herrschenden akuten Wohnungsmangel hierzulande. Deutschlands größter Immobilienkonzern, die Vonovia AG in Bochum, vermietet schon jetzt etwa 10 Prozent seiner frei werdenden Wohnungen an Menschen aus Syrien, Afghanistan und dem Irak.[472] Dieser Anteil dürfte deutlich steigen, sollten die Pläne der Grünen Realität werden, und das nicht nur bei privaten Anbietern, sondern auch den rund 740 kommunalen und öffentlichen Wohnungsunternehmen.

Auch hier fasse ich den Standpunkt der Grünen noch einmal zusammen:

* Das Asylbewerberleistungsgesetzes (AsylbLG) soll abgeschafft werden. Wird diese Norm gestrichen, unterfiele auch dieser Personenkreis den Regelungen des SGB II, hätte also Anspruch auf Grundsicherungsleistungen wie ALG II oder Sozialhilfe, die deutlich höher sind.
* Asylsuchenden soll sofort der volle Krankenversicherungsschutz gewährt werden, was erhebliche Mehrbelastungen für die ohnehin defizitären gesetzlichen Kassen bzw. den Steuerzahler mit sich brächte.
* Der Familiennachzug soll ausgeweitet werden, was die Sozialkassen wiederum belasten würde, da Familienangehörige kostenlos mitversichert sind.
* Flüchtlingen soll schnell eine eigene Wohnung zur Verfügung gestellt werden.

Torsten Groß zieht folgendes **Fazit:** »Die ausländerpolitischen Forderungen der Grünen zu Lasten des deutschen Sozialstaats und der einheimischen Bevölkerung sollen angeblich dem Zweck dienen, die Integration von Migranten zu verbessern. Doch in Wahrheit geht es darum, den Aufenthalt auch von abgelehnten Asylbewerbern bzw. ausreisepflichtigen Ausländern in Deutschland zu verfestigen, um deren Rückführung in die Heimat- oder Transitstaaten zu hintertreiben. [...]

Die von den Grünen geforderte umfangreiche ›Liberalisierung‹ des deutschen Aufenthalts- und Asylrechts sowie die generöse Ausweitung der materiellen Unterstützung für Zuwanderer hätte aber noch einen weiteren nachteiligen wie gravierenden Effekt: Der Migrationsdruck auf Deutschland würde massiv steigen! Heerscharen von Wirtschafts- und Armutsflüchtlingen vor allem aus Afrika und Vorderasien, wo die wirtschaftliche Situation infolge der Corona-Pandemie deutlich schlechter geworden ist, machten sich, angelockt durch die neuen Segnungen des deutschen Sozialstaates und die Verhei-ßung eines lebenslangen Bleiberechts für sich selbst und ihre später nach-ziehenden Familienangehörigen, auf den Weg ins gelobte Land! [...] Offene Grenzen für alle, keine Abschiebungen, Einbürgerung ohne Integra-tion – so lassen sich die ausländerpolitischen Vorstellungen der Grünen für die ›vielfältige Einwanderungsgesellschaft‹ kompakt zusammenfassen. [...] Darüber muss sich jeder im Klaren sein, der daran denkt, sein Kreuz bei der dunkelroten Ökopartei zu machen. Und wer glaubt, vier Jahre Bundes-regierung unter grüner Kanzlerschaft würden sich als ein heilsamer Schock für die Deutschen erweisen, der die politische Wende zum Besseren einleitete, der unterschätzt die nachhaltige Zerstörungskraft der linksgrünen Ideologie!«[473]

Frühsexualisierung, LGBTQ

Auch in Sachen Frühsexualisierung und LGBTQ (Lesbisch Gay Bise-xuell Trans Queer) hat es das Programm der Grünen in sich. Es wird nämlich auf eine gezielte Beeinflussung in Schulen gesetzt:

▶ »Um queere [Selbstbezeichnung nicht-heterosexueller Menschen/ MGR] Jugendliche zu schützen und zu stärken, wollen wir mit ei-ner bundesweiten Aufklärungskampagne für junge Menschen über die Vielfalt sexueller Orientierungen und geschlechtlicher Identitäten informieren und bezüglich Homo- und Transphobie sensibilisieren. Wir werden uns gemeinsam mit den Ländern da-für einsetzen, dass sich geschlechtliche Vielfalt und Diversität in den Lehr- und Bildungsplänen wiederfinden.«[474] Was das in der Praxis bedeuten könnte, dürfte wohl auch klar sein: Kinder müs-sen sich in Schulen beispielsweise mit den Themen »Anal- und Schwulensex« auseinandersetzen.

▶ Mit einem »Gender-Check« wollen die Grünen zudem prüfen, »ob eine Maßnahme oder ein Gesetz die Gleichberechtigung der Geschlechter voranbringt, und dort, wo es ihr entgegensteht, dementsprechend eingreifen«.[475] (Siehe hierzu auch Kapitel 12 das Unterkapitel »Kommt bald die Gender-Polizei?«)

▶ Die Positionen der Grünen in Sachen Migration, Rechtsstaatlichkeit und LGBTQ-Rechten bergen also erheblichen Konfliktstoff mit den Partnern in Mittel- und Osteuropa.[476]

Außenpolitik

Über ihre außenpolitischen Vorstellungen schwadronierte Baerbock in ihrem Buch *Jetzt. Wie wir unser Land erneuern*[477], es bräuchte eine »wertegeleitete Außenpolitik«[478], denn: »Als hoch entwickeltes und exportorientierter Industriestaat gehören wir darüber hinaus zu den Hauptverursachern globaler Erwärmung und agieren als entscheidender Player einer Globalisierung, die eben zu Ausbeutung von Menschen und Umwelt führt.« Es bräuchte eine Debatte über die künftige strategische Ausrichtung der NATO, sowie »ein neues, breiteres Konzept der Lastenteilung«.[479] Außerdem müssen »in einer Außenpolitik für das 21. Jahrhundert […] unterschiedliche Perspektiven berücksichtigt werden: Generationenperspektiven, verschiedene Erfahrungshorizonte, etwas von Frauen und Minderheiten, die Blickwinkel von nicht-westlichen Akteur*innen im Lichte der Menschenrechte und des Völkerrechts«.[480] Für Russland beschreibt sie Abrüstungsvorschläge wie etwa: »Russland verpflichtet sich endlich dazu, Transparenz über seine Zentrallager und den Transport von Sprengköpfen zu schaffen«[481], ebenso hat sie Handlungsvorschläge für die NATO, die keine landgestützten Mittelstreckenwaffen in Europa stationieren soll.[482]

Eigentlich stünden Baerbock und Habeck für eine Strategie, »die weniger auf Entspannungspolitik setzt, sondern das Konzept der humanitären Intervention verteidigt«[483], sagt der ehemalige Grünen-Parteichef Ludger Volmer, der in der ersten rot-grünen Regierung Staatsminister im Außenministerium war.

► Baerbock forderte bereits »ein stärkeres gemeinsames europäisches Engagement in der Verteidigungspolitik«.[484]
► Baerbock will die Bundeswehr stärken.[485] Ausgerechnet die Kanzlerkandidatin der angeblich so pazifistischen Grünen will also mehr Bundeswehr?
► Des Weiteren fordert Baerbock den Abzug aller US-Atomwaffen aus Europa.[486]
► Dass die Grünen und Baerbock den Beitritt Deutschlands zum globalen Atomwaffenverbotsvertrag fordern, dürfte wiederum den Argwohn der Balten und Osteuropäer herausfordern, die sich von Russland bedroht fühlen. Mit einer solchen Position läge Baerbock auch mit der ebenfalls in Brüssel beheimateten NATO im Konflikt.[487]
► Wie schon erwähnt, spricht sie sich gegen den Weiterbau der Ostseepipeline Nord Stream 2 aus (siehe unten sowie S. 133 f.),[488] echauffiert damit die russische Regierung und hofiert die US-Administration.
► Angesichts der Spannungen zwischen der Ukraine und Russland sprach sich Baerbock für einen erhöhten Druck auf Moskau aus.[489]

Hintergrund: Putins grüne Feinde

Die neue Gruppe um Kanzlerkandidatin Annalena Baerbock und den Grünen-EU-Abgeordneten Sven Giegold sowie den Außenpolitiker Cem Özdemir sind moskaukritischer, ja sogar feindlicher gegenüber dem Kreml eingestellt, als es ihre Vorgänger waren. So verwundert es nicht, dass Özdemir bekannt gab: »Wir stehen klar an der Seite des Oppositionspolitikers Alexej Nawalny und positionieren uns eindeutig gegen Nord Stream 2. Das schmeckt Putin nicht.«[490] Natürlich nicht.

Özdemir gab sich schon 4 Monate vor der Bundestagswahl siegessicher, Russen-Führer Putin fürchte »eine Völkerrechtlerin im Kanzleramt, die unsere liberale Demokratie und unsere Verbündeten selbstbewusst verteidigt«.[491] Und die BILD orakelt: »Mit den neu aufgestellten Grünen könnte die Bundestagswahl im Herbst eine echte Gefahr für Moskau werden.«[492] Damit hat das Blatt gar nicht so unrecht, denn Baerbock, die »Auszubildende« des Weltwirtschaftsforums, setzt genau das um, was dessen Agenda von ihr erwartet. Für Baerbock & Co ist der Kreml offensichtlich das, was die neue Generation der Grünen propagiert: ein Feind der Demokratie. Eine Bedrohung für den freien Westen. Eine Macht, die in Deutschland und dem Westen ihre Milliarden wäscht, die seit Jahren wieder mit Hackern und dem »Überfall« auf die Ukraine angreift und die in Westeuropa offen morden lässt.[493] Doch gerade apropos Ukraine leistete sich Robert Habeck einen außenpolitischen Fauxpas, als er im Mai 2021 das Land besuchte und dort mit einflussreichen Herrschaften bis hoch zum Präsidenten sprach.[494] Vielleicht geschah dies schon als Vorbereitung zur »Machtübernahme« der Grünen in Berlin. Doch in Kiew machte der Grüne eine Aussage, die nicht nur der aktuellen Linie der Bundesregierung widersprach, sondern auch der seiner eigenen Partei. Habeck meinte nämlich, man könne der Ukraine Defensivwaffen nur schwer verwehren.[495] Es dauerte nicht lange, bis Habecks Parteifreunde Waffenlieferungen an die Ukraine verurteilten[496] und ihren Co-Vorsitzenden als »Hobbyaußenminister«[497] bloßstellten.

So blieb Baerbocks Parteikollege nichts anderes übrig, als seine Äußerungen rasch zu relativieren,[498] so wie es die Grünen eben machen, wenn sie erwischt werden. Habecks Ausreden waren dann auch ziemlich durchsichtig: »Die Ukraine kämpft hier nicht nur für sich selbst, sie verteidigt auch die Sicherheit Europas. […] Die Ukraine fühlt sich sicherheitspolitisch alleingelassen, und sie ist allein gelassen. […] Ich habe das rein auf die Ukraine bezogen, auf die konkrete Situation, auf die Annexion der Krim, auf die Schießerei, auf die Soldaten«[499], und er plädiere deshalb nicht für Waffenlieferungen an andere Staaten. Doch es war bereits zu spät, die kommunikative Katastrophe war da.[500] Grüne »Außenpolitik« eben, die nichts anderes im Sinn hat, als Russland zu kompromittieren, anstatt es in einen Kommunikationsprozess einzubinden.

Außerdem geht es im Umgang mit Moskau um viel Geld: Nord Stream 2. Die Gaspipeline durch die Ostsee ist nämlich viel mehr als es vordergründig den Anschein macht. Denn sie soll Moskau das Nach-Gas-Zeitalter sichern und in Zukunft Wasserstoff nach Deutschland bringen. Die Merkel-Regierung hat ihre Energiewende direkt an das Moskau-Projekt gekoppelt: Weg von Kohle und Atom hin zu Wasserstoff – Russen-Gas als Brückentechnologie.[501] Das alles bringen die Grünen mit ihrer Klimahysterie in Gefahr. Annalena Baerbock steht nämlich klar gegen Nord Stream 2 und für die Aufgabe dieses Projektes. Für sie ist Putin – nach Maßgabe des Weltwirtschaftsforums - eine potenzielle Bedrohung.[502]

Baerbock plädierte in ihrem Interview mit BILD am 30. Mai 2021 für einen »Kurs der Härte und des Dialogs gegenüber Russland«. Daher dürfe »Nord Stream 2 nicht vollendet werden«.[503]

Kein Wunder also, dass Baerbock & Co von den Russen als Bedrohung angesehen werden. Moskau rechnet mit der fortschreitenden Europäisierung der Außen- und Sicherheitspolitik unter grüner Ägide,[504] was eine 100-prozentig zutreffende Analyse sein dürfte. Nach russischer Ansicht zeichnen sich programmatisch Gemeinsamkeiten zwischen den deutschen Grünen und dem Plan des New Green Deal von US-Präsident Biden ab.[505] Außerdem fordern die Grünen einen Masterplan für die Ukraine.[506]

Der russlandfreundliche Sender *RT Deutsch* (RT DE) schrieb: »Der neue Militarismus kommt ökologisch, feminin und smart daher«[507], und das Wahlprogramm der Grünen zur Außenpolitik sei »neokolonial, aggressiv und konfrontativ«[508].

► China will die Grünenchefin mit einer Mischung aus »Dialog und Härte«[509] begegnen. Ich stelle mir bereits vor, wie Baerbock vor dem chinesischen Ministerpräsidenten sitzt und »Härte« demonstrieren will. Köstlich!

► Baerbock lobte die Investitionen der Biden-Regierung in den Klimaschutz. Deutschland und die EU müssten nachziehen und eine Allianz mit den USA schmieden. »Ich werbe dafür, dass wir eine transatlantische Allianz für Klimaneutralität begründen.« Es sei notwendig, dass man gemeinsam »auf den 1,5-Grad-Pfad« komme.[510]

▶ Die Grünen wollen den sogenannten »CO_2-Grenzausgleich«, das ist eine Abgabe auf »klimaschädliche Importe«, die EU-Unternehmen vor Nachteilen im Wettbewerb mit Konkurrenten schützen soll, die nicht den strengen Klimaschutzvorgaben der EU unterliegen. Das könnte Konflikte mit China und den USA, aber auch mit der Welthandelsorganisation auslösen. Die Grünen aber rechnen in ihrem Wahlprogramm bereits mit Einnahmen aus dieser Abgabe, um damit Zukunftsinvestitionen der EU zu finanzieren.[511]

▶ Eine allgemeine CO_2-Abgabe, die alle Bürger über Sprit- und Heizpreise zu bezahlen haben, ist in Wirklichkeit eine gewaltige Umverteilung der Vermögen von oben nach unten.[512] Denn die »klimafreundliche Lebensweise«, durch die Millionen Wohnungen gedämmt, Fenster und alte Heizungen entsorgt werden müssen, gehört neben der CO_2-Bepreisung und anderen ordnungspolitischen Maßnahmen (das heißt Verboten!) zu den zentralen Elementen einer grünen Ordnungs- und Klimapolitik.[513]

▶ Baerbock dürfte dabei aber mit Frankreichs Präsident Emmanuel Macron aneinandergeraten, der die Atomenergie weiter intensiv nutzen und auf EU-Ebene sogar zur Ökoenergiequelle erklären lassen will. Die Grünen wollen dagegen auch in der EU »den Einstieg in den Ausstieg vorantreiben«.[514]

In Sachen »Israel« erwies sich die grüne Kanzlerkandidatin ebenfalls als außenpolitische »Null«. Als ihr beim Europaforum des WDR die Frage gestellt wurde, wie sie es denn mit Waffenlieferungen an Israel halte, da im Wahlprogramm der Grünen ja stehe, dass sich der Export von Waffen und Rüstungsgütern verbiete, schweifte Baerbock zunächst einmal ab. Wie für die Grünen typisch, redete sie den Ge-

sprächspartner an die Wand, blieb die Antwort aber schuldig.[515] Baerbock sprach über das Existenzrecht Israels, die Schwäche der EU und
die Rolle der USA. Als die Moderatorin dann nachhakte, sprach die
Grüne über die Geschichte der U-Boot-Exporte nach Israel. Als ihr
die Frage dann zum dritten Mal gestellt wurde, antwortete sie Baer-
bock-like, es komme darauf an.[516]

Der Spiegel schrieb dazu: »Es ist ein Muster, das sich in den außenpolitischen Interviews der grünen Kanzlerkandidatin wiederholt. Immer wieder fällt es ihr schwer, das Parteiprogramm mit der Wirklichkeit in Einklang zu bringen. Nirgendwo klaffen Wunsch und
Realität so weit auseinander wie in der Außenpolitik. Zugleich ist
sie die Schicksalsfrage der Grünen. Wenn Baerbock Kanzlerin werden will, muss sie beweisen, dass sie und ihre Partei außenpolitikfä-
hig sind. [...] Die Außen- und Sicherheitspolitik ist die Achillesferse
der Grünen, hier haben sie ein doppeltes Handicap. Kann eine junge
Politikerin ohne Erfahrung auf der Weltbühne gegenüber den Au-
tokraten dieser Erde bestehen? Und können die Grünen überhaupt
Außenpolitik? Die Friedenspartei, die einst die Nato verdammte und
Auslandseinsätze der Bundeswehr bis heute skeptisch sieht?«[517] Der
Grüne Ralf Fücks vom Zentrum Liberale Moderne bejaht diese Frage
und behauptet, die Grünen stünden »für Verlässlichkeit in den außenpolitischen Grundlinien – EU, Nato, transatlantische Beziehungen, Israel. Sie werfen nicht die Grundkoordinaten der deutschen
Außenpolitik um.«[518] Dazu sollte Baerbock die komplizierten und
verschachtelten Abläufe und Regeln in der Außenpolitik aber zuerst
einmal verstehen.

Claudia Major von der Stiftung Wissenschaft und Politik stellte
fest: »In der Außenpolitik enthält das Programm der Grünen viele
Widersprüche.«[519] Andere sprechen ohne Umschweife von »Hinter-
türchen« oder »Gummi«.[520]

»Klimaaußenpolitik«

Baerbock möchte zudem »Klimaaußenpolitik« betreiben. Was das sein soll, beschreibt sie folgendermaßen (Hervorhebungen d. d. Autor): »Klimaaußenpolitik liegt in unserem eigenen Interesse. So können durch Klimapartnerschaften insbesondere Länder des globalen Südens bei der Bewältigung der Klimakrise unterstützt und dadurch **weltweit die sozial-ökologische Transformation vorangebracht werden.** [...] Was es dafür braucht, sind klare Rahmenbedingungen – wie die Bereitstellung von Ressourcen für die Klimaaußenpolitik im Bundeshaushalt, der Umbau der Entwicklungsbanken und neue Leitlinien für den Finanzmarkt.«[521]

Auch hier wieder ist die Frage: Soll am ökosozialistischen Wesen der Grünen die Welt genesen?

Sicherheitspolitik

In der Sicherheitspolitik gibt es für die Grünen gleich drei problematische Themen:

1. die Anschaffung bewaffneter Drohnen für die Bundeswehr,
2. die in Deutschland stationierten US-Atomwaffen,
3. den Wehretat bzw. das Zwei-Prozent-Ziel.[522]

Wie die Partei, die einst auch aus der Friedensbewegung gegen den NATO-Doppelbeschluss hervorging und sich bisher medienwirksam als »pazifistische« Partei darstellte, mit diesen Themen umgehen wird, ohne als »Aufrüstungspartei« stigmatisiert zu werden, bleibt abzuwarten. Der größte Teil der Ökopartei scheint sich jedoch mit deutschen Militäreinsätzen bereits abgefunden zu haben.[523]

Allerdings hat Baerbock, wie für sie typisch, auch für dieses Problem einen »sophistischen Trick«[524] auf Lager, und der heißt: Viel reden, aber nichts sagen. So lehnt sie den Indikator von 2 Prozent Wehretat zwar ab, lässt aber im Unklaren, ob sie die Verteidigungsausgaben nicht trotzdem steigern würde.[525] Beim Grünen-Verteidigungsexperten Tobias Lindner hört sich das dann so an: »Auch wenn der Indikator zwei Prozent Unsinn ist, ist die dahinterstehende Debatte über eine faire Lastenverteilung im Bündnis nachvollziehbar.«[526] Seiner Auffassung nach würde eine Baerbock-Regierung mehr für die Verteidigung ausgeben, wofür er abstruse Gründe verantwortlich macht: »Allein schon durch Inflation und jährliche Tarifrunden wird der Wehretat steigen, ob wir das wollen oder nicht.«[527]

Wirtschafts- und Finanzpolitik

▶ Baerbock will zwar den »Industriestandort Deutschland« halten, doch Wachstum müsse »im Sinne einer sozial-ökologischen Marktwirtschaft innerhalb der planetaren Grenzen« erfolgen.[528]

▶ »So lange unser Wohlstand danach bemessen wird, wie viel fossile Rohstoffe wir verbrennen und wie viel Kilometer Autobahn wir bauen, so lange werden wir die Klimaschutzziele nicht einhalten können«[529], sagte sie laut *stimme.de*.

▶ Wohlstand solle in einem »umfassenderen«, aber auch das Ökologische mit einbeziehendem Sinn definiert werden. Die Grünen wollen etwa für die Bahn, deren Aktien zu 100 Prozent dem Staat gehören, eine »Gemeinwohlbilanzierung« einführen.[530]

▶ Größere Privatunternehmen sollen im Jahresabschluss über Nachhaltigkeits-Indikatoren wie den CO_2-Ausstoß berichten.[531]

▶ Klimaschutzziele sollen mit der Wirtschaftspolitik »verzahnt werden«, und u. a. Gründungsförderung, Digitalisierung, schnellerer Ausbau der Infrastruktur und Netze befördert werden.[532]

▶ Übergeordnetes Ziel soll die »sozial-ökologische Neubegründung der Marktwirtschaft« sein, sprich: die Einführung des Ökosozialismus, wie ich das bereits in meinem Buch *Kommt die Klima-Diktatur?* [533] beschrieben habe.

▶ Die Schuldenbremse hingegen hält Baerbock für gerechtfertigt. In einem Interview im *Deutschlandfunk* sagte sie bereits im Jahr 2020, die konservativen Parteien und die SPD hätten auf kommunaler Ebene – etwa für den Wohnungsbau – das »Geld zum Fenster herausgeschmissen«. Allerdings müsse die derzeit existierende Schuldenbremse »erweitert« werden, um Investitionen in »Daseinsvorsorge, Krankenhausfinanzierung, Schulfinanzierung, auch die ganzen Infrastrukturprojekte im Klimabereich« zu ermöglichen. [534]

▶ Die Franzosen dürften sich bei diesem Thema auf eine grüne Kanzlerin freuen, denn Macrons Ideen bei der Entwicklung der Eurozone, etwa zur Aufweichung des Stabilitäts- und Wachstumspakts, stehen Baerbock deutlich näher als Merkel. Nicht umsonst fordern die Grünen in ihrem Wahlprogramm eigene Steuern für die EU und eine Reform der Schuldenregeln, um »zu hohen Spardruck«[535] zu verhindern und höhere Zukunftsinvestitionen in den EU-Staaten zu erlauben. Auch in den Ohren der südeuropäischen Regierungschefs dürfte dies Musik sein, in jenen der Niederländer, Skandinavier und deutschen Freunde eher »grünes Teufelszeug«.

Es sagt einiges über die vermeintliche Kanzlertauglichkeit der grünen Kandidatin aus, wenn sie darüber klagt, dass China sich in beängstigendem Ausmaß in Europa – auch in Deutschland – eingekauft hat, und ihr dabei nicht auffällt, dass sie es ist, die die deutschen Firmen ins Ausland und eben auch nach China treibt. Denn dort wird die Autoindustrie ganz sicher die von ihr verpönten Verbrennungsmotoren weiterbauen, nur eben nicht mehr in Deutschland. Außerdem kommt ihr auch nicht der Gedanke, dass die staatlich finanzierte E-Mobilität nebenbei ein Konjunkturprogramm für China darstellt, das sich die Schürfrechte für die zur Batterieproduktion notwendigen Rohstoffe in Afrika gesichert hat.[536] Die Grünen können eben einfach nicht weiterdenken!

Sehr aufschlussreich ist auch ein Interview mit der linken *taz*, in dem sich Baerbock anlässlich des 5 Jahre zurückliegenden Pariser Klimaschutzabkommens[537] äußerte. Hier einige Ausschnitte:

> *Baerbock:* »*Der Industriestandort Deutschland wird nicht bedroht, weil wir zu viel Klimaschutz machen, sondern zu wenig.*«[538] Ist diese Umwertung aller Werte kurios oder irre?
> *Baerbock:* »*Um überhaupt auf den 1,5-Grad-Pfad zu kommen, müssen wir aber jetzt die Weichen umstellen: Zum Beispiel bis Ende dieses Jahrzehnts aus der Kohle aussteigen. Fünfmal so viel Windkraft an Land bauen wie jetzt. Spätestens ab 2030 nur noch emissionsfreie Autos in der Neuzulassung. Und jedes Jahr eine Million Solaranlagen auf die Dächer bauen und vieles mehr.*«[539]

Über ihre **Vorstellung zum bestehenden Recht** sagte Baerbock in Bezug auf den Dannenröder Wald, der – unter wohlgemerkt grüner Regierungsbeteiligung in Hessen – für eine Autobahn gefällt wird (Hervorhebung d. d. Autor, siehe unten):

> *Ja, dieses Stück Autobahn im Dannenröder Wald schmerzt uns. Aber wir leben in einem Rechtsstaat. Da muss sich jede Regierung an geltendes Recht halten.* **Wo dieses Recht den Klimazielen entgegensteht, muss man es ändern.** *Das kann man in einer Demokratie nur mit Mehrheiten. [...]*

Wofür wir streiten ist: Kohleausstieg bis zum Ende dieses Jahrzehnts. Außerdem brauchen wir ein Tempolimit von 130 Kilometer pro Stunde. Und spätestens ab 2030 nur noch die Neuzulassung neuer emissionsfreier Autos. [...] Nächstes Jahr muss der Bundesverkehrswegeplan ohnehin überprüft werden. Da müssen alle Neubauten von Autobahnen und die ihnen zugrunde liegenden alten Verkehrsprognosen auf den Prüfstand, das Geld sollte umgeschichtet werden – zugunsten der Schiene.[540]

Auf die Frage, ob sie **Kurzstreckenflüge** verbieten wolle, antwortete die Grüne:

»Wir wollen sie durch den Ausbau der Bahn erübrigen. Wenn es eine schnelle Zugverbindung von Berlin nach Saarbrücken gäbe, würden die Menschen diese Strecke nicht mehr fliegen. Wir müssen Alternativen schaffen und Geld dafür mobilisieren.«[541] In der BILD am Sonntag zementierte die Grüne ihre Aussage: *»Kurzstreckenflüge sollte es perspektivisch nicht mehr geben.«*[542]

Baerbock über ihre Vorstellungen zur Landwirtschaft:

Wir sollten die Tierbestände sehr deutlich reduzieren und damit auch die Fleischproduktion. Das Ganze geht über eine flächengebundene Tierhaltung. Das bedeutet zum Beispiel, dass 2030 nur noch zwei Kühe pro Hektar gehalten werden dürfen.[543]

Auf die Frage, ob die Kanzlerkandidatin befürchte, man könne den Grünen vorwerfen, sie seien eine Verbotspartei, antwortete Baerbock arrogant (Hervorhebungen d.d. Autor):

Der Vorwurf der Verbotspartei hat mich nie getroffen.
Ob in der Familie, im Fußballverein oder in der Gesell-
schaft insgesamt: Überall gibt es klare Regeln, was erlaubt
ist. Manches muss man auch verbieten. Und Verbote
können sehr positive Folgen haben: Das Aus für Ölhei-
zungen wird zu einem Technologieschub bei erneuerba-
ren Heizsystemen führen. Wer heute noch nicht begrif-
fen hat, dass der Wirtschaftsstandort Deutschland den
Bach runtergeht, wenn nicht alle Bereiche klimaneutral
werden, kann in einem führenden Unternehmen oder in
der Politik keine Verantwortung tragen.[544]

Und zum Ausgang der Bundestagswahl orakelte die Grüne: »Eine absolute Mehrheit wäre natürlich das Beste, aber 50 Prozent werden es
bei der Bundestagswahl für uns eher nicht werden, auch da bin ich
Realistin. Deshalb arbeite ich daran, dass wir stärkste Fraktion werden. [...] Jetzt sind es CDU und CSU, die den historischen Moment
nicht erkennen, dass wir klimapolitisch umsteuern müssen, nicht nur
aus Umweltgründen, sondern gerade auch aus industriepolitischen
Gründen.«[545]

Bei ihrer Rede auf dem Grünen-Parteitag am 12. Juni 2021 hatte
Baerbock über 40 Minuten hinweg brav und artig das Grünen-Pro-
gramm abgearbeitet, nachdem sie zuvor mit 98,5 Prozent als Kanzlerkandidatin bestätigt worden war.[546] Klaus-Rüdiger Mai kommentierte diese Rede in *Tichys Einblick* folgendermaßen (Hervorhebungen
d. d. Autor):

Als Annalena Baerbock über die Außenpolitik sprach,
*entstand nur der **Eindruck von Inkompetenz und Mo-***
***ralgroßmannssucht**. Deutsche Außenpolitik muss für die*
*Grünen eine **europäische Außenpolitik** sein, vor allem*

*muss sie eins sein: neu, sie muss die **Werte der Grünen** **in Europa verstärken und in die Welt tragen**. **Begreifen die Grünen Außenpolitik als ideologische Okkupation?** Für die Grünen soll die Außenpolitik offenbar ein Mittel werden, um die große Transformation in Europa und in der Welt durchzusetzen, schließlich können die Grünen, wie Baerbock meint, nur Deutschland erneuern, wenn ihr Aufbruch ein europäischer ist. Hört man Baerbock zu, kommt einem die Paraphrase eines alten Verses in den Sinn: **Am grünen Wesen / soll die Welt genesen**. [...] Und in der Art der Utopisten ruft Annalena Baerbock aus, dass die Märkte und Produkte der Zukunft klimaneutral seien und träumt dann wie Robert Habeck den **Traum vom klimagerechten Wohlstand**, der in der Realität statt »Wohlstand für alle« »Armut für alle« bringen wird.*[547]

Überdies meinte Baerbock, die Grünen hätten nun den Wahlkampf ihres Lebens vor sich, seien gut gerüstet und hätten sich auf die »Machtübernahme« 40 Jahre lang vorbereitet.[548]

Doch wieder passierte ihr ein Fauxpas: Nach ihrer ersten Rede als offiziell gewählte Kanzlerkandidatin ging Annalena Baerbock von der Bühne, lief zu ihrem Co-Parteichef Robert Habeck, fasste ihn an den Oberarm und sagte: »Scheiße!«[549] Alle konnten das hören, weil ihr Mikrofon noch lief. Aus Parteikreisen hieß es daraufhin, ihre Kanzlerkandidatin hätte sich über einen Patzer in ihrer Rede geärgert.[550] Denn »ausgerechnet, als sie über Angriffe auf die Demokratie sprach,« sagte sie, so berichtet die *BILD am Sonntag* am 13. Juni 2021: »Die Angriffe von heute finden ja vor allem digital statt. Und die **liberalen Feinde,** innen wie außen, wissen das gezielt zu nutzen. Was früher ...‹ Baerbock bemerkt ihren Fehler, unterbricht den Satz, versucht fröhlich drüber hinwegzulachen und fängt von vorne an:

›Die **Feinde der liberalen Demokratie,** innen wie außen, wissen das natürlich gezielt zu nutzen.‹«[551] »Liberale Feinde« statt »Feinde der liberalen Demokratie«: Ein Freud'scher Versprecher?

Über all diese **Änderungswünsche** hinaus haben die Grünen noch eine Menge weitere im Gepäck, jedenfalls wenn es nach den Anträgen geht, die zum Wahlprogramm eingegeben wurden, nämlich insgesamt über 3000![552] Allein Jian Omar hatte 21 Änderungsanträge gestellt. Unter anderen wollte er die Außengrenzen »durchlässig« machen, Geflüchtete sollten sich künftig »aussuchen«[553] dürfen, welcher EU-Staat die Ehre hat, sie aufzunehmen.

Die Grüne Jugend forderte in einem Antrag, dass die Kommunen in »angespannten Wohngegenden« die vertraglich vereinbarten Mieten »eigenständig«[554] absenken dürften, und pfeift damit auf das Vertragsrecht. In einem anderen Antrag hieß es, man soll den Ausbau und Neubau von Autobahnen »stoppen«. Eingebracht hatte diesen Antrag der frühere Fridays-for-Future-Aktivist und grüne Bundestagskandidat Jakob Blasel.[555] Andere Grüne wollen auch noch den »Gasausstieg« bis 2030, und wieder andere stellten den Antrag, das Wort »Deutschland« aus dem grünen Wahlprogramm zu streichen,[556] und forderten eine Einkommenssteuer von 53 (!) Prozent.[557] Berlins grüner Justizsenator warb unterdessen für eine bundesweite Legalisierung von Cannabis, was auch die Möglichkeit eröffnen würde, Cannabis ökologisch anzubauen und als »Bio-Cannabis« zu vertreiben.[558]

Kapitel 10

Die Grünen: Anspruch und Wirklichkeit klaffen weit auseinander

Wir haben es in ihrem Wahlprogramm gelesen und in ihren Reden gehört: Die grünen Moralisten wollen uns tagtäglich umerziehen und uns Dinge verbieten. Doch ihr Anspruch und die Wirklichkeit klaffen weit auseinander, und auch die gesellschaftliche Wirklichkeit möchte sich nicht an ihr Wahlprogramm anpassen. Die grüne Scheinmoral und das reale politische Handeln sind zwei verschiedene Paar Schuhe. Der Praxistest zeigt eindeutig: In den Bundesländern, in denen die Moralapostel mitregieren, agieren sie selten im Einklang mit ihren Wahlversprechen und mit ihrem Wahlprogramm.[559] Hier nur ein paar wenige Beispiele:

Einfamilienhäuser verbieten?

Ein Kommunalpolitiker entschied, keine neuen Bauplätze für Einfamilienhäuser mehr auszuweisen, und der Co-Vorsitzende der Grünen-Bundestagsfraktion, Anton Hofreiter, begrüßte diese Entscheidung, der gemäß keine Einfamilienhäuser in Bebauungsplänen mehr vorgesehen sind:[560] »Angesichts der dramatischen Wohnungsnot und der Tatsache, dass Boden endlich ist, hat Hamburg-Nord entschieden, Wohnraum für viele statt für wenige zu schaffen.«[561]

Infolge des gewaltigen medialen Gegenwinds beteuerten die Grünen dann rasch, sie wollten »nicht die eigenen vier Wände verbieten«, diese könnten aber sehr verschieden aussehen und die Form eines Einfamilien-, Reihen-, Mehrfamilien- oder Mietshauses annehmen. »Wo was steht, entscheidet allerdings nicht der Einzelne, sondern die Kommune vor Ort«, sagte der Grünen-Bundestagsabgeordnete weiter.[562] Die Grünen haben also offensichtlich ein Problem mit Einfamilienhäusern und deren Ökobilanz.[563] Ich komme weiter unten noch einmal auf das Thema zurück, denn auch die Globalisten haben ein Problem mit »großen« Häusern.

Daraufhin warfen CDU-Politiker »den Grünen ein gestörtes Verhältnis zum Eigentum vor«[564] – eine Einschätzung, die ich ausdrücklich teile. AfD-Fraktionschefin Alice Weidel sagte, hinter Hofreiters Vorstoß stecke ein »Angriff auf Freiheit und Eigentum und der sozialistische Ungeist der Kollektivierung der Gesellschaft«[565]. Dass die Grünen Unterstützung von der Linken bekamen, verwundert nicht; so sagte der damalige Parteichef Bernd Riexinger: »Man muss den Flächenverbrauch reduzieren, aus sozialen Gründen und aus Gründen des Klimaschutzes.«[566]

Laut dem Statistischen Bundesamt befinden sich 31 Prozent aller Wohnunterkünfte in Einfamilienhäusern, die aber 41 Prozent der bebauten Fläche einnehmen, wohingegen es sich mit Mehrfamilienhäusern genau umgekehrt verhält – hier entfallen 42 Prozent der Wohnunterkünfte auf 33 Prozent der Fläche. Pro Jahr werden derzeit rund 100 000 neue Einfamilienhäuser genehmigt. Beim Flächenverbrauch gibt es aber auch ein Stadt-Land-Gefälle: In Gemeinden unter 2000 Einwohnern werden im Schnitt 1545 Quadratmeter pro Einwohner »verbraucht«, in Großstädten mit mehr als einer halben Million Einwohnern sind es nur 219 Quadratmeter.[567]

In einem SPIEGEL-Interview sprach Hofreiter dann auch noch – zugegebenermaßen in einem anderen Zusammenhang – von »Enteignungen« (siehe zu diesem Themenkomplex auch mein Buch *Vorsicht Enteignung! Der Griff nach Ihrem Vermögen*[568]), doch da war es schon geschehen, und das Wort »Enteignungen« war im Umlauf. Das schadete den Grünen natürlich, weil dies direkt an den Vorwurf der »Verbotspartei« anknüpfte und diesen bestätigte.[569]

Grünes Baden-Württemberg: (K)ein Musterländle I

In Baden-Württemberg haben die Grünen seit nunmehr einem Jahrzehnt die Gelegenheit, ihre grüne Politik – in einer Koalition mit den »Schwarzen«, der CDU – umzusetzen. Das Kabinett Kretschmann II ist noch mächtiger als Ausgabe I, denn die CDU hatte viele »Zugeständnisse« (im Klartext: Verrat an ihrer eigenen Sache) an die Grünen gemacht, um überhaupt noch an der Macht bleiben zu können und ihre Ministerposten und Staatssekretärspöstchen zu retten.

Wie dem auch sei: Der erste grüne Ministerpräsident Wilfried Kretschmann schwärmte bereits bei seinem Amtsantritt 2011 von einer »Zukunftswerkstatt« im Südwesten, vom kommenden »Musterländle für erneuerbare Energien«, in dem bis 2020 mindestens 10 Prozent des Stroms aus heimischer Windkraft gedeckt werden sollten.[570] Noch 2019 stammten aber lediglich 4,4 Prozent des verbrauchten Stroms in Baden-Württemberg aus Windenergie, und 2020 wurden lediglich 12 neue Windkrafträder aufgestellt.[571] Viele Projekte werden aber von Anwohnern und besorgten Bürgern vereitelt, und darunter befinden sich auch Sympathisanten der Grünen.

Grünes Baden-Württemberg: (K)ein Musterländle II

Auch die viel beschworene »Verkehrswende« im Ländle war ein Rohrkrepierer. Naturschutzverbände kritisierten erst kürzlich, dass die grün-schwarze Koalition immer noch viel zu viel Geld in den Straßenneubau stecke. Die Folgen sind mehr CO_2-Emissionen und höhere Luftbelastung.[572]

Eines haben die grünen Öko-Apostel jedoch erreicht: Auf den Autobahnen und vielen vierspurigen Bundesstraßen in Baden-Württemberg herrscht (bis auf wenige Ausnahmen) ein Tempolimit von 120/130. Nur auf der Autobahn in Richtung Schweiz kann man an manchen Stellen noch richtig »heizen«, alle anderen Verbindungen nach Stuttgart und in den Norden hingegen sind eine Katastrophe.

Auch Kretschmanns Ansage an die Autobosse, weniger Autos seien »natürlich besser als mehr«[573], hat sich schon lange überholt. Denn die Anzahl der Kraftfahrzeuge in seinem Bundesland ist in den vergangenen 10 Jahren von 7 auf 8,2 Millionen gestiegen, und Kretschmann pflegt heute »gute Beziehungen«[574] zur mächtigen Automobilindustrie. Erst im Dezember 2020 verschickte er einen Brief an EU-Abgeordnete, mit dem er verhindern wollte, dass die Autohersteller durch eine Verschärfung des Klimaschutzes überfordert werden.[575]

Doch auch in anderen Bundesländern verrieten die Grünen, sobald sie in Regierungsverantwortung kamen, ihre eigenen Ideale, wie wir im Folgenden sehen werden.

Hessen: Flugzeuge willkommen?

Der Grüne Tarek Al-Wazir ist seit nunmehr 7½ Jahren Verkehrsminister und Vizeregierungschef in Hessen. Doch seine Bilanz ist verheerend für die grünen Apologeten, die eigentlich Flüge verbieten, kein weiteres Terminal am Frankfurter Flughafen bauen und ein striktes Nachtflugverbot erlassen wollten: Mittlerweile ist Al-Wazir offiziell für die Aufsicht des größten deutschen Verkehrsflughafens zuständig. 2019 wurde der Grundstein für ein neues Terminal gelegt, das jährlich 20 Millionen zusätzliche Fluggäste abfertigen soll. Tausende von Bäumen mussten jetzt schon für die Zufahrten gefällt werden.[576]

Im Jahr 2016 genehmigte[577] der grüne Verkehrsminister den Wunsch des Flughafenbetreibers Fraport, die Billigfluglinie Ryanair mit extragünstigen Landegebühren nach Frankfurt zu locken – ausgerechnet eine Fluglinie, die mit Billigflügen wirbt, was Baerbock verhindern möchte.[578] Al-Wazir verteidigte sich in grüner Manier, er habe das nur rechtlich prüfen, aber nicht ablehnen können.[579]

Ähnlich war seine Argumentation auch, als seine Straßenbaubehörde 2020 den Bau der Autobahn A 49 durch den Dannenröder Forst exekutierte: Alles sei juristisch festgeklopft und vom Bund in Auftrag gegeben worden. Er könne sich als Minister schließlich nicht aussuchen, welche Gesetze er umsetze.[580] Diese grüne Doppelmoral durchschauten die Umweltaktivisten sofort und argumentierten ihrerseits, mit etwas mehr Konfliktbereitschaft hätte der Minister den Flughafen und den Autobahnbau stärker in die Schranken weisen können.[581] So ging der Grüne wohl den Weg des geringsten Widerstands. Das gilt auch für andere Regionen in Hessen.

Grüne Umweltministerin ist mit Umweltverschmutzung einverstanden

Im SPIEGEL war zu lesen: »An der Landesgrenze zu Thüringen darf der börsennotierte Kalikonzern K+S mit Einverständnis der grünen Umweltministerin Priska Hinz noch bis Ende dieses Jahres Millionen Kubikmeter salzhaltige Abwässer in den Fluss Werra leiten und im Boden versenken – auch wenn dadurch Grundwasser verschmutzt und Trinkwasserbrunnen gefährdet werden. Die Staatsanwaltschaft Meiningen hatte die Genehmigungen der hessischen Umweltbehörden kürzlich als rechtswidrig kritisiert.«[582]

Wer »Grün« wählt, hat also noch lange nicht »grün«.

Grüner »Kompromiss« zur Abholzung des Hambacher Forsts

Schon 2016 ließen sich ausgerechnet die Grünen in Nordrhein-Westfalen auf einen »Kompromiss« zum Braunkohleabbau ein. Dadurch waren sie »mitverantwortlich«[583] für die Abholzung des Hambacher Forsts, des Waldes, der zum Symbol für linke, grüne und radikale Natur- und Umweltschützer wurde (ausführlich dazu in meinem Buch *Kommt die Klima-Diktatur? Eine faktenreiche Analyse des grünen Klimawahns*[584]) und bis heute auch durch grüne Initiativen umkämpft ist.

Grüne Heuchelei: Das Kohlekraftwerk Moorburg

Auch die Machenschaften rund um das Hamburger Kohlekraftwerk Moorburg sind kein Ruhmesblatt für die Ökosozialisten. Noch vor wenigen Monaten nämlich hatten die Grünen begeistert die Abschaltung des Kohlekraftwerkes gefeiert, dabei hatte 12 Jahre zuvor eine grüne Umweltsenatorin – heftigen Protesten der Umweltbewegung und der grünen Basis zum Trotz – die Genehmigung erteilt.[585] Auch hier ist wieder Grünen-Doppelmoral at it's best zu sehen!

Dies sind nur wenige Beispiele, wie sich die grünen Moralapostel verbiegen, wenn sie selbst an der Macht sind. In meinem Buch *Die Grünen. Zwischen Kindersex, Kriegshetze und Zwangsbeglückung*[586] beschreibe ich viele weitere Fälle solcher grünen Heucheleien. Wenn die Grünen selbst mitregieren, steht also die reine Lehre des Parteiprogramms hinter pragmatischen Überlegungen zurück. Zwar gilt dies auch für andere Parteien, aber ihr eigener moralischer Anspruch lässt die Grünen in diesen Fällen mehr als schlecht aussehen.

Renate Künast, die ehemalige Agrarministerin der rot-grünen Bundesregierung (1998–2005) legt das Dilemma offen, indem Baerbock & Co jetzt stecken, wenn sie sagt: »Natürlich verändert Regierungserfahrung das eigene Denken, egal ob im Bund oder in den Kommunen. Diese Erfahrung haben viele Junge nicht.«[587] Gerade aber die Jungen sind zu Tausenden in die Partei geströmt und verlangen ein deutlich linkeres und noch radikaleres Wahlprogramm.[588] So ist zu erwarten, dass die Grünen zukünftig wohl noch viel weiter nach links abdriften werden.

Kapitel 11

Das »Neue Grüne Testament« namens Klimawandel

Wie die Grünen die Welt »retten« wollen

»Im Stil der katholischen Kirche warnen Umweltschützer seit einem Vierteljahrhundert vor der Treibhaushölle. Durch die globale Erwärmung, so ihre düstere Prophezeiung, würden Plagen biblischen Ausmaßes in Marsch gesetzt: Dauerdürren, Sintfluten und Wirbelstürme von nie da gewesener Wucht. Doch inzwischen glauben deutlich weniger Menschen an den Weltuntergang. […] Die Deutschen verlieren die Angst vor dem Klimawandel.«[589] Was sich wie das Geschreibsel von rechten Klimaleugnern anhört, publizierte *Der Spiegel* vor bald 7 Jahren, nämlich im Herbst 2013. Doch heute schreibt das Nachrichtenmagazin, den Klimahysterikern folgend, genau das Gegenteil: »Entweder die CO_2-Emissionen sinken dramatisch bis 2030, oder die Welt wird nicht mehr zu retten sein.«[590]

Dieser zentrale Glaubenssatz ist zur neuen Offenbarung für die angeblichen »Klimabefürworter« geworden und stellt die Rechtfertigung für die Transformation unserer Gesellschaft in den von den Grün-Linken schon seit Jahrzehnten propagierten Ökosozialismus dar. Doch der Satz beruht lediglich auf sogenannten Modellrechnungen einer höchst komplexen Wissenschaft und ist keinesfalls die Ultima Ratio. Ich habe die unglaublichen Manipulationen, Lügen und Vertuschungen der Klimabefürworter in meinem Buch *Kommt die Klima-Diktatur? Eine faktenreiche Analyse des grünen Klimawahns* mit unwiderlegbaren Fakten dokumentiert.

Die angeblichen Klimaschützer setzen auf Schockeffekte und Emotionen statt auf Fakten. So warnte Grünen-Fraktionschef Anton Hofreiter schon zu Beginn des Sommers 2019, »Hitzesommer, Extremwetter, Ernteausfälle – alle Alarmzeichen stehen auf Rot«[591] und Annalena Baerbock, Mitchefin der Grünen, heizte die Hysterie damals noch zusätzlich an mit der Warnung, »Beim Klimaschutz kommt es auf jeden Tag an!«[592], und erntete vom Publikum bei *Maybritt Illner* dafür auch noch tosenden Applaus. Und ihr Verhalten ist heute noch genau dasselbe. Viele der Klimapanik-Apologeten benehmen sich schon lange nicht mehr wie neutrale und objektive Wissenschaftler, sondern wie Propheten und Hellseher, die uns die absolute und einzige Wahrheit »verkaufen« wollen.

Fest steht, dass die einzige Konstante in der gesamten Geschichte der Menschheit ja gerade der Wandel ist. Und das Klima wandelt sich seit Urzeiten. Dennoch schallt es uns von allen Seiten entgegen, der Klimawandel sei einzig und allein die Schuld des Menschen. Sendungen zum Thema häufen sich, die Schlagzeilen über apokalyptische Schreckensszenarien werden immer größer, Panik und Hysterie beherrschen die Medien und die Politik. In Wahrheit ist sich die Wissenschaft jedoch keineswegs einig. Doch die grünen Weltuntergangspropheten und deren instrumentalisierte »Klima-Kinder« können überhaupt nur wie Hellseher auf einem Jahrmarkt weissagen, wie das Klima in 20, 30 oder gar in 100 Jahren sein werde, weil selbst die aufwendigst entwickelten wissenschaftlichen Programme bis heute keine genauen Berechnungen erstellen können. Denn das Wetter ist halt so, wie es ist: unberechenbar. Und doch werden die bruchstückhaften Ergebnisse der Computersimulationen interpretiert, als wären sie ein Fakt.

Dank grüner Propaganda wird Nachhaltigkeit zum quasireligiösen Heilsversprechen, und der UN-Generalsekretär taxiert den »menschengemachten« Klimawandel sogar zur »größten systematischen Bedrohung für die Menschheit«.[593] Die Art und Weise, wie die Lehre vom anthropogenen (menschengemachten) Klimawandel seit dem »plötzlichen« Auftauchen der »Klima-Heiligen« Greta Thunberg regen Zulauf findet, erinnert mich ans tiefste Mittelalter. Die Marktschreier (Medien) tragen die Kunde der Heiligen in die Welt, und Millionen Apostel bzw. Schüler folgen ihrer Prophetin. Greta, die zornige Klima-Göttin, warnt eindringlich vor der Apokalypse, sollte die Menschheit nicht von ihrem klimaschädlichen Tun ablassen. Demnach sind Autofahren, Fliegen, Heizen, Fleischessen und vielleicht bald sogar das Gebären von Kindern verpönt. Schämt euch, wenn ihr atmet![594] Doch wie einst in der katholischen Kirche kommt nun auch hier der Ablasshandel ins Spiel, und zwar in Form einer CO_2-Steuer und/oder Kerosinsteuer. So können die Klimasünder wenigstens eine finanzielle Abbitte leisten – frei nach dem mittelalterlichen Motto: »Wenn das Geld im Kasten klingt, die Seele in den (Klima-)Himmel springt.«

Dabei ist das ideologische Rezept ganz einfach: Man nimmt ein Naturereignis, stilisiert es zu einer Überlebensfrage, verspricht die einzig wahre Lösung, warnt vor der Apokalypse, überhöht das Problem ins Religiöse, macht daraus einen Glaubenssatz und diffamiert Kritiker. So spielen Fakten plötzlich keine Rolle mehr, und die Gesellschaft kann nach grünem Maßstab umgebaut werden. Ähnliches erleben wir mit Corona.

Im Falle der Klimahysterie sind wir in Wahrheit jedoch Opfer und Täter zugleich, denn wir benötigen CO_2, um überhaupt leben zu können, produzieren es aber auch gleichzeitig. Wir sind also alle betroffen, jeder ist verantwortlich, jeder muss um seine Zukunft fürchten und den Klimaschutzgesetzen gehorchen. Jagt man den Menschen aber Angst ein, gelangen sie tatsächlich zu dem Glauben, dass sie alleine dafür verantwortlich sind. Und so entsteht eine Art »Klima-Religion«, denn alle Religionen basieren ja auf einer wissenschaftlich nicht nachweisbaren Hypothese. Doch diese neue Religion wird nun ideologisch mit einem gefährlichen grünen Kommunismus und

Ökosozialismus verbunden, der uns letztendlich den »heilsbringenden« Weg weisen soll, und der bedeutet: Wohlstandsverlust und Gleichmacherei.

Tichys Einblick resümiert deshalb völlig zu Recht: »Die Möchtegernkanzlerin Baerbock ordnet alles der Erreichung des ominösen Klimaziels unter. Das Klimaziel wird zum Kult des Höchsten Wesens erklärt und wer sich diesem Kult verweigert, verrät sich als Feind des Gemeinwohls und darf aus ethischen Gründen bestraft werden. Denn das Klimaziel ist Gemeinwohl und das Gemeinwohl ist Klimaziel. Wie auf einer Parteitagung der SED oder der KPdSU dekretiert Baerbock: ›alle Sektoren müssen liefern.‹«[595] Und das wird teuer und wird uns unseren hart erarbeiteten Wohlstand kosten, und zwar garantiert!

Kapitel 12

»Grünen-Neusprech«

»In Diktaturen gibt es keine Widerrede. Es regiert eine Orwell'sche Sprachpolizei, die bestimmte Begriffe und Worte verbannt.«[596]

Robert Habeck

Die Umwertung der Werte

George Orwell, wohl einer der genialsten Schriftsteller des 20. Jahrhunderts, hat in seinem Buch *1984*[597] eindringlich vor Augen geführt, wie totalitäre Tendenzen in vorgeblich freiheitlichen Gesellschaften zu einem autoritären Staat führen können. Das wichtigste Mittel dazu ist seiner Ansicht nach aber nicht der Terror, sind nicht etwa Umerziehungslager, Verfolgungen oder Hinrichtungen, sondern die Veränderung der Sprache im Sinne des autoritären Staates. »Newspeak« – zu Deutsch »Neusprech« – nannte er das.

Demnach befasst sich in seinem Jahrhundertroman das »Ministerium für Frieden« mit Krieg, das »Ministerium für Wahrheit« mit Lügen, das »Ministerium für Liebe« mit Folter und das »Ministerium der Überfülle« mit dem Hungertod.[598] Dieses »Newspeak« verfolgt die Absicht, die Sprache in ihr Gegenteil umzudeuten und damit den Gedankenspielraum einzuengen, ja letztlich das Denken selbst: »Die Revolution wird vollendet sein, wenn die Sprache perfekt ist.[599] [...] Das ganze Denkklima wird anders sein. Es wird überhaupt kein Denken mehr geben, wenigstens nicht in unserem heutigen Sinne.«[600]

Der »grüne Klima-Neusprech« erinnert mich an Orwells faschistische Dystopie: Aus »Klimawandel« wird »Klimakrise« oder »Klimanotstand«. Aus »Klimaskeptiker« werden »Klimaleugner« oder gar »Klimaschädlinge«, die bestraft werden sollen.[601] *Tichys Einblick* schreibt dazu: »Schon werden Kritiker als ›Klimaschädlinge‹ bezeichnet, die es zu bestrafen gelte – die Klimahaltung ersetzt den richtigen Klassenstandpunkt«, und: »Längst hat die Klimapolitik eine neue Qualität. Mit ihrem unbedingten Wahrheitsanspruch, ihrer angeblichen Wissenschaftlichkeit, der Unerbittlichkeit, mit der sie gegen jeden Widerstand durchgepeitscht wird und die totale Kontrolle über das Leben, die Zahl der Kinder und privateste Lebensführung einfordert, ähnelt sie dem mörderischen Klassenkampf.«[602]

Wohl nicht umsonst vertritt Grünen-Frontmann Robert Habeck die These: Wer die Sprache beherrscht, beherrscht die Köpfe.[603] In seinem Buch *Wer wir sein könnten. Warum unsere Demokratie eine offene und vielfältige Sprache braucht* sagt er ganz offen, »Sprache ist Handlung«[604], spricht von der »Umwertung von Begriffen«[605] und bezeichnenderweise auch vom »Diskurs der Angst«[606]. Es gibt eine ganze Reihe von Wörtern und Begriffen, die solcherweise in unserer Gesinnungsgesellschaft bereits »umgewertet« wurden. Hier sind ein paar Beispiele:

▶ Die »Flüchtlings- und Migrationskrise« wurde zur »Willkommenskultur«,
▶ »Manipulation« zu »Haltung«,
▶ »Menschenschlepperei« zu »Seenotrettung«,
▶ der »Ausschluss aus dem demokratischen Diskurs« zu »Toleranz«,
▶ »Widerspruch« zu »Hassrede«,
▶ das »Verschweigen der Identitäten« bei Strafdelikten zu »Buntheit«.
▶ Das Gedankengut, das die CDU/CSU noch vor ein paar Jahren vertrat, wurde als »rechtsradikal«[607] etikettiert.
▶ Der natürliche »Klimawandel« wurde zu einer »Klimakrise« oder – alarmistischer noch – zu einem »Klimanotstand«,
▶ »Impfskeptiker« wurden zu »Impfgegnern«,

► »Klimaskeptiker« zu »Klimaleugnern« oder gar »Klimaschädlingen«,

► »Corona-Skeptiker« zu »Corona-Leugner« – und so weiter und so fort.

Die Grünen-Politikerin Katrin Göring-Eckardt sprach vom »Saubermensch«, von »Zukunftsradikalität« und davon, dass etwas »Neues« angefangen habe.[608] Andere in ihrer Partei schwafeln jetzt nicht mehr von »sozialer Gerechtigkeit«, sondern von »Klimagerechtigkeit«.[609] Und ihre Kanzlerkandidatin Annalena Baerbock vermeidet das Killing-Wort »Steuer« und redete als eine der Ersten stattdessen von einer »CO_2-Bepreisung«.[610] Es soll eine »Abgabe« sein, die sich nach dem Verbrauch richtet. Dabei schafft das Wort »Abgabe« mehr »Vertrauen«[611] als das gefürchtete Wort »Steuer«. Und so wird auch aus »Verboten«, die zu sehr nach Ökodiktatur klingen, der neutralere Begriff »Ordnungspolitik«.[612]

George Orwell lässt grüßen!

Kommt bald die Gender-Polizei?

Auch in Sachen Gender sind die Grünen dermaßen hysterisch, als wäre dieses Thema das Wichtigste auf der Welt und wir hätten keine anderen Probleme.

So wollen sie mit einem »Gender-Check«[613] prüfen, ob ein Gesetz auch die Gleichberechtigung voranbringt. Eine Art Gender-Polizei soll die Bundesstiftung Gleichstellung werden, wie der *Focus* berichtete: »Kommt die Gender-Polizei? Im aufziehenden Wahlkampf schiebt sich ein Thema unaufhaltsam nach vorn, das erneut das Zeug dazu hat, die Grünen als Partei zu kennzeichnen, die mit unmissverständlichen Regelungen ihre Partei-Perspektive zur allgemeinen Weltanschauung machen möchte. Es geht um das sogenannte Gendersternchen, um den Doppelpunkt mitten im Wort, um das große Binnen-I. Es geht um eine geschlechterneutrale Sprache, die niemanden von vornherein ausschließt oder bevorzugt.«[614] Die Bundesstiftung Gleichstellung, die sich aktiv für die Gleichstellung der Geschlechter engagiert, gibt es bereits. Die Grünen wollen sie, so steht es in ihrem Parteiprogramm, zu »einer effektiven Institution« ausbauen, die »wirksame Maßnahmen für Gleichberechtigung« entwickelt. Und was das am Ende bedeutet, sprechen sie deutlich aus: »Es wird Zeit für eine feministische Regierung«.[615]

Der grüne Ministerpräsident von Baden-Württemberg, Winfried Kretschmann, gab den Gender-Hysterikern in seiner eigenen Partei allerdings eine schallende Ohrfeige: »Von diesem ganzen überspannten Sprachgehabe halte ich nichts«, sagte er in einem Interview, von »Sprachpolizei« schon gar nichts. Er finde es zwar richtig, »darauf zu achten, dass wir in unserer Sprache niemanden verletzen«, aber »jeder soll noch so reden können, wie ihm der Schnabel gewachsen ist«.[616]

Eine Allensbach-Umfrage von Mitte Juni 2021 kam zu dem Ergebnis, dass ganze 71 Prozent der deutschen Bevölkerung die Gender-Sprache für übertrieben halten und jetzt schon 44 Prozent aller Menschen meinen, man könne nicht mehr alles frei aussprechen.[617] Im Jahr 1971 waren das nur 12 Prozent gewesen,[618] das Merkel-Zensur- und Einschüchterungssystem macht's offensichtlich möglich! Nichtsdestotrotz schieben die Grünen das Thema unaufhaltsam nach vorn und sprechen damit besonders junge Leute an. Im Kessel dieser politischen Diskussion ringen Ämter und Behörden inzwischen um den richtigen Sprachgebrauch.[619] Regelrecht hysterisch benimmt sich Hamburgs grüne Gleichstellungssenatorin Katharina Fegebank, denn sie plant, die Behördensprache der Hansestadt komplett zu gendern, und arbeitet dazu mit dem Referat LSBTI zusammen,[620] das sich für die »rechtliche und tatsächliche Gleichstellung und Akzeptanz von Lesben, Schwulen, Bisexuellen, Trans* und Inter*«[621] einsetzt. In der Hamburger Behördenpost soll es künftig beispielsweise folgende Änderungen geben:

► Die übliche Anrede »Herr« oder »Frau« soll durch den Vornamen der Person ersetzt werden.
► »Lehrer« und »Lehrerinnen« sollen »Lehrkräfte« genannt werden.
► Aus einer »Frau Doktor« soll »Frau Dr.in« werden und so weiter.[622]

Auch die Stadtverwaltungen in Hannover, Berlin, Frankfurt oder Stuttgart haben bereits angekündigt, in ihrer Ausdrucksweise sexuelle Vielfalt und dementsprechend eine »geschlechtergerechte« Sprache stärker zu berücksichtigen.[623] Dank der Grünen wird unser Land immer verrückter.

Der »Woke«-Wahnsinn: Schachspielen und Apfelkuchen essen sind rassistisch!

Doch das ist noch längst nicht alles, was unser linksliberales Establishment so draufhat. Jetzt kommt nämlich der »Woke-Wahnsinn«. »Woke« kommt aus dem Englischen und bedeutet so viel wie »wach«. Auch in Deutschland ist die »Woke-Bewegung« bereits angelangt. Sie nimmt für sich in Anspruch, alle Missstände auf der Welt zu kennen und die richtigen Lösungen gegen Rassismus und Diskriminierung zu haben.[624] Und das ist ein Teil der irren und abstrusen Forderungen der linken Gaga-Aktivisten:

► Der Geschlechterforscher und ehemalige Gender-Studies-Professor Lann Hornscheidt fordert, zum Schutz vor Diskriminierung statt »der/die« oder »ein/eine« nur noch »ens« zu sagen, weil »ens« die Mitte des Wortes Mensch ist. Zum Beispiel: »Ens Mann und ens Frau gehen in ens Haus.«[625]

► Ein weiteres Beispiel auf Hornscheidts Website: »Lann und ex Freundex haben ex Rad bunt angestrichen.« Denn: Die Endung »ex« stehe für »Exit Gender«, also das »Verlassen der Zweigeschlechtlichkeit«.[626]

► Die »Zigeunersauce« wurde bereits aus den Kühlregalen entfernt und durch »Sauce ungarischer Art« ersetzt.[627]

► Auch die Wörter »Mohrenkopf« oder »Negerkuss« sind total verpönt, und jeder, der das Wort benutzt, ist rassistisch und »rechts«.

► Sogar amerikanischer Apfelkuchen sei rassistisch und habe als Speise der Kolonialherren »blutige Wurzeln«, so die Aktivisten.[628]

► Schach gilt ebenso als problematisch, weil die »weißen« Figuren den ersten Zug machen dürfen.[629]

► Selbst die harmlose Frage »Woher kommst du?« wird von den »Woken« bereits als rassistischer Übergriff interpretiert.[630]

► Kinder sollen sich zu Karneval nicht mehr als »Indianer« oder »Scheich« verkleiden, denn damit würden »schmerzhafte Stereotype« bedient.[631]

► Rastalocken bei Weißen gelten als verdammenswerte »kulturelle Aneignung«, weil sie die Haare von Schwarzen nachahmen würden.[632]

► Nachdem sich einige Anwender in den Kommentaren zu einem Bahlsen-Bild bei Instagram über den Namen »Afrika«-Waffeln beschwert und Rassismusvorwürfe erhoben hatten, benannte das Unternehmen das Produkt im Juni 2021 nach fast 70 Jahren in »Perpetum« um.[633] Nutzer hatten zum Beispiel empört geschrieben: »Ein brauner Keks, der Afrika heißt? For real?«[634]

► Manche Hebammen dürfen das Wort »Muttermilch« nicht mehr verwenden, sondern müssen jetzt »Menschenmilch« sagen.[635]

► Eine Bäckerei in Hamburg benannte ihre »Mohrenköpfe« in »Othellos« um.[636]

▶ Aus Angst, in die Rassismus-Ecke gestellt zu werden, änderte ein Berliner Eisdielenbesitzer den Namen »Eiskimo« in »Peter und der Wulf« um.[637]

▶ Im angelsächsischen Raum werden »Frauen« von manchen Woke- Fanatikern nur noch als »Menschen, die menstruieren« bezeichnet.[638]

▶ Als Popstar Adele sich in einem Bikini mit Jamaika-Flagge zeigte, wurde sie im Internet wegen »kultureller Aneignung« beschimpft, denn der afroamerikanische Kleidungsstil sei nicht für Weiße.[639]

Da lobe ich mir den Sänger Heino, dessen Statement klar und deutlich ist: »Bei mir kommt beim Grillen weiterhin Zigeunersauce auf den Tisch, und ich singe auch weiter ›Lustig ist das Zigeunerleben‹. Das lasse ich mir von keinem Politiker auf der Welt verbieten. Mir ist mit 82 auch egal, was das für Konsequenzen haben könnte.«[640] Bravo!

Doch das Schlimmste ist, dass Behörden, Städte, Politiker, Institutionen und Gutmenschen diesem Diktat der Gaga-Aktivisten auch noch gehorchen:

▶ Städte wie Stuttgart, Köln legen Straßenübergänge nur noch für »Zufußgehende« an, um das männliche »Fußgänger« zu vermeiden.[641]

▶ Der Internet-Browser Firefox änderte sogar sein »Master-Passwort« in »Hauptpasswort« um. Der Grund dafür sei, dass das Wort »Master« an Sklaverei (»Master/Slave«) erinnere und daher zum »Wachhalten von Rassismus« beitrage.[642]

▶ In den USA wurde bereits eine Studentin als »Rassistin« bezeichnet, weil sie Bücher der weltberühmten Autorin Jane Austen (etwa *Emma*, *Mansfield Park* und *Stolz und Vorurteil*) gelesen hatte. Austen gilt bei den Woken nämlich als vorbelastet, weil ihre Familie damals in den Sklavenhandel verwickelt gewesen sein soll. Daher sei das Lesen ihrer Bücher rassistisch.[643]

Als wäre dieser bekloppte Wahnsinn nicht schon genug, kommt es noch schlimmer: Das Auswärtige Amt (AA) soll nämlich jetzt »woke« werden, weil Mitarbeiter »zu blass und männlich« sind.[644] In der diesjährigen Juni-Ausgabe des Mitarbeitermagazins des Auswärtigen Amts *InternAA* hieß es:

► Wenn zu viele »weiße Männer« im AA arbeiteten, dann entspreche das einem »pale & male«-Phänomen (»blass & männlich«), und das könne man nur mit Quoten und einer »woken« Geisteshaltung bekämpfen.[645]

► Um das Auswärtige Amt »diverser« zu machen, sollen »Menschen mit Migrationshintergrund, Ostdeutsche und Frauen« beim Auswahlverfahren so lange bevorzugt werden, bis »der Anteil dieser Menschen in allen Laufbahnen auf dem gleichen Niveau liegt wie in der deutschen Gesellschaft«.[646] Andersherum gesagt: Im AA sollen Mitarbeiter für ihre Hautfarbe, östliche Herkunft und ihr Geschlecht bevorzugt oder – andersherum betrachtet – für ihre nicht-östliche Herkunft etc. benachteiligt werden!

Mein Großvater, der 5 Jahre im Krieg gekämpft hat und 10 Jahre lang in russischer Gefangenschaft gefoltert wurde, würde sich im Grab umdrehen, könnte er sehen, was aus seinem Land geworden ist.

Kapitel 13

Die Grünen an der Macht? – Dann gnade uns Gott!

Der Weg in den Klimasozialismus

Gnade uns Gott, sollte es dazu kommen, dass die Grünen sich an einer neuen Regierung beteiligen oder gar die Kanzlerin stellen! Gabor Steingart schrieb auf *focus.de*: »Wer es wissen will, der weiß es: Die Partei ist strukturiert wie eine Wassermelone – außen grün und innen rot.«[647]

Das Wahlprogramm der Grünen macht deutlich, wohin die Reise gehen soll. Einzelne Positionen habe ich bereits dargelegt, doch wollen die Grünen wie fast alle linken Parteien insgesamt und auf umfassende Weise **mehr Staat** und **weniger Individualität.** In ihrem Wahlprogramm wird daher geradezu zwanghaft geschützt und vorgesorgt – natürlich vom Staat, als wären die Individuen gar nicht mehr für ihr eigenes Leben verantwortlich. Immer weniger eigene Entscheidungen treffen zu können, weil es für vieles politische Vorgaben gibt, scheint eines der Markenzeichen der Grünen zu sein. Sie sind grundsätzlich misstrauisch gegenüber allem Individuellen und Privaten. Zentralismus statt Pluralismus, Dirigismus statt Selbstorganisation, Kontrolle statt Vertrauen, staatliche Behütung statt Eigenverantwortung, Bevormundung statt Entscheidungsfreiheit scheinen die Devisen zu sein.[648] So schafft die Politik die Voraussetzungen für individuelles Handeln, und das Individuum wird zum Objekt staatlicher Betreuung.[649] Doch das ist brandgefährlich!

Bezeichnenderweise heißt es bei den Grünen: »Reaktive [650] Politik hat die letzten Jahre über das Schlimmste verhindert. Aber es geht darum, das Beste zu ermöglichen.«[651] Dies ist für mich ein **totalitäres Konzept.** So sieht das auch *Tichy Einblick*:

> *In der grünen Gesellschaft ist die Natur unantastbar, Naturschutz geht vor Menschenschutz. Gleichzeitig ist die*

Gesellschaft maximal und notfalls per Zwang politisch formbar. Zwischen der unabänderlichen heiligen Natur und der beliebig manipulierbaren Gesellschaft als ideologischem Reallabor gehen sowohl die Selbstbestimmung wie die Eigenverantwortung verloren, sowohl die Nation wie – als zwangsläufige Folge – die Demokratie.[652]

Ich wiederhole, damit es auch der Letzte begreift: Die Ökosozialisten sind bekannt dafür, dass sie für Verbote stehen und den scheinbar »doofen« Bürgern vorschreiben wollen, was sie essen und trinken, wie sie sich kleiden, wie sie sich fortbewegen und wie sie reisen sollen – es wird immer schlimmer werden, und zwar garantiert! Robert Habeck steht jedenfalls für eine Regierung, die »viel Verantwortung übernehmen soll«[653]. Was das heißt, können Sie sich wohl vorstellen: noch mehr Gängelungen, noch mehr Verbote, noch mehr Vorschriften.

In meinem Buch *Kommt die Klima-Diktatur? Eine faktenreiche Analyse des grünen Klimawahns* beschreibe ich den direkten Weg von der Klimahysterie zur sozialistischen Ökodiktatur und präsentiere brisante Hintergründe zu Fridays for Future und Greta & Co, die auf diese Weise nicht in den Mainstream-Medien behandelt werden. Nur so viel: Baerbock machte schon mal unmissverständlich klar: »Wenn es so weit ist, werden wir Verantwortung übernehmen.«[654] Nach allem bisher Erläuterten dürfte klargeworden sein, dass dies die Umsetzung des grünen Kommunismus sowie der Ziele des Weltwirtschaftsforums und der Globalisten bedeutet. Ein Albtraum für jeden noch freien, selbstständig denkenden Bürger.

Nicht nur unsere Freiheitsrechte sind in Gefahr, auch unser Leben wird bald unbezahlbar: Vor allem die CO_2-Bepreisung wird uns immer noch mehr Geld aus der Tasche ziehen. Seit Anfang 2021 schon sind die Spritpreise um 20 Cent pro Liter gestiegen.[655] Und immer mehr Experten warnen vor dem bitteren Erwachen der Autofahrer an den Tankstellen nach der Bundestagswahl! Grund dafür sind die Pläne der Grünen, den CO_2-Preis fürs Klima massiv weiter anzuheben. Baerbock will, dass CO_2-Emissionen im Verkehr mit 60 Euro pro Tonne bepreist werden – und das wird noch längst nicht das Ende sein. Doch alleine die 60 Euro pro Tonne entsprächen einem Anstieg der Benzinpreise um weitere 16 Cent pro Liter. Für Familien mit niedrigem Einkommen auf dem Land mit hohem Autofahrbedarf könne das »eine Mehrbelastung von bis zu 100 Euro«[656] darstellen, räumte die grüne Kanzlerkandidatin ein.

Allerdings soll dieses Geld »zurückgegeben« werden, denn die Kanzlerkandidatin brüstet sich damit, dass »Menschen, die nicht so viel haben, am Ende des Jahres 100 Euro pro Kopf zurückbekommen«[657] sollen. Doch diese Rechnung ist wieder eine typisch grüne Milchmädchenrechnung, denn die Kosten werden weit über dem liegen, was man – vielleicht – zurückbekommt. Ich habe herzhaft gelacht, als ich das gehört habe! Denn die steigenden Preise werden eine höhere Inflation auslösen. Nur sind diese Preisanstiege und Kosten, die dann auf viele andere Produkte erhoben werden, bei den Grünen nicht auf dem Radar, weil sie – auch das wiederhole ich – nicht weiterdenken können. Baerbock versuchte den Preisschock mit einem idiotischen Beispiel kleinzureden, das an der Wirklichkeit des Normalmenschen total vorbeigeht, der ja längst an der Tankstelle mitbezahlt: »Wenn ich in einem sehr, sehr großen Haus wohne und sehr, sehr viele Autos fahre, muss ich am Ende mehr bezahlen.«[658]

Der Rohstoff-Experte Eugen Weinberg von der Commerzbank sagte in BILD voraus, dass ein Benzinpreis von 2 Euro in naher Zukunft möglich sei. Auch bei Diesel sei der Anstieg auf 1,50 Euro je Liter wahrscheinlich.[659] Und nicht von ungefähr sagte Berlins grüne Verkehrssenatorin Regine Günther in der *Welt*: »Wir wollen, dass die Menschen ihr Auto abschaffen.«[660]

Doch Dirk Engelhardt vom Bundesverband Güterkraftverkehr (BGL) warnte vor den höheren Spritpreisen, denn diese würden »alle Menschen treffen, auch die, die überhaupt kein Auto fahren – und zwar über die aufgrund erhöhter Transportkosten unweigerlich steigenden Supermarktpreise«[661]. Das ist die Politik der Grünen. Der FDP-Verkehrspolitiker Bernd Reuther sagte bereits im Juni 2021: »Das Ende der Fahnenstange ist erreicht. Die Grünen machen Politik für wohlhabende Stadtmenschen.«[662] Und sein Parteifreund Hagen Reinhold ergänzte: »Bei uns im ländlichen Raum ist das Auto der ÖPNV; ohne Auto kommen unsere Menschen weder zum Arzt, noch zur Arbeit oder zum Einkaufen. Ohne Auto geht es vielerorts einfach nicht. Klimaschutz darf den Individualverkehr nicht unbezahlbar machen. Pauschale Preiserhöhungen lehne ich ab.«[663] Auch der ADAC ist in Sorge. Ein Sprecher konstatierte: »Diese bereits beschlossenen Maßnahmen werden viele Autofahrer stark belasten.«[664]

Auf *www.bild.de* äußerten sich Betroffene zu den Plänen der grünen Ökosozialisten:

> *Rentner Reinhold B.*[665] *(79) aus Coesfeld (NRW): »Für mich bedeutet das, dass ich die Grünen nicht wähle. Das ist unverschämt, die Preise steigen immer weiter und ich denke, der jetzige Preis ist hoch genug.«*[666]

> *Rentnerin Angelika B. (69) aus Hamburg: »Wir müssen jetzt schon auf manche Dinge verzichten. Ein Liter Super dürfte nicht mehr als 1,45 Euro kosten.«*[667]

Silke P. (47) aus Schneverdingen: »*Natürlich ärgern mich hohe Preise, aber ich bin aufs Auto angewiesen. Ich muss jeden Tag 128 Kilometer fahren, sonst muss ich mir eine neue Arbeitsstelle suchen und das wäre blöd. Im Monat sind das bestimmt im Schnitt so 250 Euro an Spritkosten.*«[668]

Britta H. (43) aus Hamburg: »*Man kann doch keine andere Meinung dazu haben als das scheiße zu finden. Was soll denn das? Ich muss jeden Tag mit dem Auto zur Arbeit, es frisst mir das Geld aus der Tasche.*«[669]

Tankstellen-Mitarbeiter Bernd R. (72) aus Wedel: »*Von den Grünen kann man nichts erwarten. Die sehen nur eine Richtung, ihre Seite.*«[670]

Niklas H. (20): »*Für mich als Azubi hätte das große Auswirkungen. Ich bin auf mein Auto angewiesen, fahre jeden Tag zur Arbeit. Das sind so 600–700 km im Monat. Ich müsste auf einiges verzichten, zum Beispiel auf das Auto in meiner Freizeit. Ich müsste schauen, wie viel Geld ich ausgebe, was am Ende übrigbleibt und ob ich dann überhaupt noch in den schwarzen Zahlen bin. Ich weiß, es ist für die Umwelt. Aber ich halte den Weg für kurzsichtig. Man braucht andere Lösungen anstatt immer zu sagen:* ›*Das böse Auto*‹.*«[671]

Almir C. (47): »*Nach der Corona-Krise kann das für mich der Ruin sein, das wird schwer. Ich habe Familie, bin Alleinverdiener und fahre täglich 120 Kilometer, das ist schon eine Menge. 350 bis 400 Euro kommen da im Monat zusammen. Ich werde mir überlegen müssen, auf welche Sachen ich verzichte. Das wird schwer für meine Familie, wenn man drei Kinder hat. Das ist viel Geld. Es ärgert mich, dass ausgerechnet nach Corona auch noch die Preise weiter erhöht werden sollen. Für viele Leute geht es da an die Existenz. Ich hab dafür kein Verständnis, das macht mich wütend – ehrlich!«*[672]

So lauten die Stimmen »normaler« Menschen, nicht die der wohlstandsverwöhnten Akademikersöhnchen und -töchterchen, die für Fridays for Future auf die Straße gehen und noch nie in ihrem Leben auch nur einen Cent verdient haben, weil sie von Papa alimentiert werden oder ewig Studierende sind. Eine repräsentative Umfrage von Civey für das *Handelsblatt* bestätigte Anfang Juni 2021, dass aus der Altersgruppe der 18–39-Jährigen über 50 Prozent der Meinung waren, dass Baerbock junge Menschen begeistern kann.[673] Ja klar, all diejenigen, die nicht arbeiten müssen!

Vor allem die SUVs sind den Grünen ein Dorn im Auge. Annalena Baerbock prophezeite bereits: »Es wird eine andere Mobilität auf den Straßen geben. [...] Es muss ein Ausstiegsdatum für den fossilen Verbrennungsmotor geben, und das umfasst vor allem auch größere Autos.«[674] Trotzdem waren im Jahr 2020 insgesamt ganze 32 Prozent aller neuzugelassenen Pkw SUVs und Geländewagen.[675]

Weitere Forderungen der Grünen, die jeden von uns Geld kosten werden:

► Die **Abschaffung des Ehegattensplittings:** Dies soll »für künftige Ehen durch eine Individualbesteuerung mit Unterhaltsabzug umgestaltet«[676] werden.
► Ein »**neuer Soli**«[677], wie das Annalena Baerbock, die Mitvorsitzende der Grünen, bereits avisierte.

- Eine »Reform«[678] (Erhöhung) der Erbschaftssteuer,
  wie sie Baerbock für denkbar hält.
- Auf jedes neue Dach eine Solaranlage.[679]
- Fotovoltaik in die Fläche bringen.[680]
- Mehr Windenergieausbau.[681]
- Kurzstreckenflüge bis 2030 überflüssig machen,
  Langstreckenflüge vermindern.[682]
- Einführung eines digitalen Euros.[683]
- Anhebung des Spitzensteuersatzes auf 45 Prozent (ab
  100 000/200 000 Euro), 48 Prozent ab 250 000/500 000 Euro.[684]
- Einführung bzw. »Reaktivierung«[685] einer neuen Vermögens-
  steuer,[686] um unter anderem eine »Kindergrundsicherung« in
  Höhe von 280 Euro einzuführen, »ergänzt um einen am Bedarf
  und Alter orientierten Betrag, der auf maximal 503 Euro ansteigt,
  für all die Kinder, deren Eltern nicht genug verdienen«[687], wie
  Baerbock in ihrem Buch schreibt.

Der »grüne« Kommunismus der großen Umverteilung soll dementsprechend mit einer Ökoplanwirtschaft und mit dem totalen Umbau
der Energiewirtschaft beginnen. Die Automobilwirtschaft und die
Landwirtschaft sollen folgen, dann die anderen Sektoren. In jedem
einzelnen Unternehmen soll der »Faktor Ökologie verankert«[688] werden. Und die grüne Planwirtschaft geht so:

»Quoten« sollen für den Anteil CO_2-neutraler Grundstoffe »festge-
setzt« werden, die ein Produkt enthalten »muss«.[689] Zudem soll ein
»klarer industriepolitischer Klimaneutralitätsplan«[690] festgelegt werden. Die Industrie brauche auch einen »Rahmen«, bestehend aus
»verlässlicher Ordnungspolitik«, so Baerbock.[691] Ebenso wäre ein
Verbot der Neuzulassung fossiler Verbrennungsmotoren vorteil-
haft.[692] Festsetzungen, Verbote, Pläne: Das ist Planwirtschaft!

Konsumenten sollen in ihrer individuellen Lebensweise gelenkt, die Produktionsweisen vorgeschrieben und schließlich über Gesetze verordnet werden. Bei Verstößen drohen Strafen. Demzufolge soll diese Ökodiktatur in Form einer Großen Transformation umgesetzt werden, was die obige Schlussfolgerung bestätigt: Mehr Staat und weniger privat, mehr Zwang und weniger Freiheit sowie Entmündigungen, Kontrolle und Regeln.

Der Volkswille hingegen scheint Baerbock nicht sonderlich zu interessieren. So beschreibt sie das Beispiel der Euro-Einführung durch den damaligen Bundeskanzler Helmut Kohl, CDU, folgendermaßen (Hervorhebungen d. d. Autor): »Es war einer der Momente, in denen politisches Verantwortungsbewusstsein sich darin zeigte, **nicht eine gerade vorherrschende Stimmung zum Maßstab des Regierungshandelns** zu machen.«[693] Auf gut Deutsch heißt dies, der Euro wurde zwar **gegen** den Willen des Großteils der Deutschen eingeführt, doch es macht nichts, wenn man als politisch Verantwortliche(r) nicht auf das Volk hört. Schließlich sind es die Grünen, die der festen Überzeugung sind, dass nur sie wissen, wie die Welt funktioniert und wie man die Menschheit und den Planeten retten kann und das ganz im Sinne des WEF.

Das gemeinsame Ziel von Linksideologen wie den Grünen, Extinction Rebellion, Fridays for Future oder anderen ähnlich positionierten NGOs, Gruppen und Organisationen ist die radikale Umgestaltung der Gesellschaft. Sie wollen den Systemwechsel, die Große Transformation in eine postindustrielle Gesellschaft, so wie das bereits 2011 in einem Gutachten des Wissenschaftlichen Beirats der Bundesregierung Globale Umweltveränderungen (WBGU) beschrieben wurde.[694] Darin heißt es:

*Das Ausmaß des vor uns liegenden Übergangs ist kaum
zu überschätzen. Er ist hinsichtlich der Eingriffstiefe ver-
gleichbar mit den beiden fundamentalen Transformati-
onen der Weltgeschichte: der Neolithischen Revolution,
also der Erfindung und Verbreitung von Ackerbau und
Viehzucht, sowie der Industriellen Revolution, die von
Karl Polanyi (1944) als ›Great Transformation‹ beschrieben wurde und den Übergang von der Agrar- zur Industriegesellschaft beschreibt.*[695]

Ganz ähnlich ist auch die Diktion der grünen Heinrich-Böll-Stiftung,
die von einem »radikalen Realismus«[696] zum Zwecke einer sozial-
ökologischen Transformation spricht. Aufgehorcht habe ich, als ich
den Begriff »gesellschaftliche Transformation« auch von Luisa Neubauer, einer der Hauptfiguren der Fridays-for-Future-Demonstratio-
nen – auch »deutsche Greta« oder »Vielflieger-Luisa« genannt –, gehört habe, von einer Studentin also, die ja nur das Klima retten will
(Hervorhebungen d. d. Autor):

*Wir müssen anfangen, die Dramatik der Lage auf den
Punkt zu bringen. Wir müssen anfangen, ehrlich darüber zu sprechen, dass diese **Veränderung, die kommt,
drastisch** sein wird, dass wir **radikal Veränderungen** fordern, dass diese **Veränderungen uns alle beeinträchtigen**
werden. Dass wir als **Gesellschaft eine Transformation**
durchlaufen werden, **die wir alle noch nicht erlebt haben.**
[...] Und dass es **unbequem** wird.*[697]

Nach diesen selbst gesetzten Maßstäben ist Neubauer selbst also ganz
auf »Kurs« ... Nach dem Sonderbericht »SR1.5«[698] des Weltklimarats
müssten für diese Transformation allein im Energiebereich jährlich
2,4 Billionen Dollar investiert werden.

Ich wiederhole, weil es so wichtig ist: In Wahrheit dient die angebliche Klimaschutzpolitk offenbar nur als Vehikel für eine gesellschaftliche Transformation, die uns Wohlstand kosten sowie Ausplünderung und Bevormundung bringen wird. Und dennoch klatschen die Menschen Beifall für die Demonstrationen für angeblichen Klimaschutz. Was dann kommen wird, sind Gängelung, Bevormundung, Verbote und Strafen für jeden »Klimaabweichler« und für jeden »Klimaschädling«, und zwar analog zu den »Impf-« und »Corona-Leugnern«.

Vorboten zu dieser grünen »Kulturrevolution« gibt es schon lange: Grünen-Ikone Joschka Fischer schrieb bereits 1989 in seinem Buch *Der Umbau der Industriegesellschaft*: »Denn der ökologische Umbau wird die Industriegesellschaften auch zu einem kulturellen Umbruch nötigen, der unser Verhältnis zu unseren natürlichen Lebensgrundlagen, zur Umwelt also und zu ihren Ressourcen, völlig verändern wird«, und sprach in diesem Zusammenhang von einer »ökologischen Kulturrevolution«.[699] Derweil geht der Klassenkampf durch Umweltschutz munter weiter. Eines dieser Vehikel für die gesellschaftliche Transformation in einen Ökosozialismus ist neben den Grünen und den Linken auch die Fridays-for-Future-Bewegung. Nicht rein zufällig weisen die Forderungen ihrer zumeist noch sehr jungen Anführer in eine sozialistische Umverteilungsrichtung, und es werden wohl nicht umsonst Plakate mit der Aufschrift »Klimakampf ist Klassenkampf«[700] in die Höhe gereckt. So schließt sich der links-sozialistische Kreis. Alexander Dobrindt, seines Zeichens CSU-Landesgruppenchef, sagte über die Grünen in einem Interview:

> *Die Grünen versuchen sich an einer großen Täuschung.*
> *Verpackung und Inhalt passen nicht zueinander. Wer*
> *Baerbock will, bekommt Dietmar Bartsch. Im Programm*
> *der Grünen stehen Steuererhöhungen, Exportreduzierun-*
> *gen, Schleifen der Schuldenbremse, Abkehr vom Zwei-Pro-*

zent-Ziel der Nato und internationaler Bündnisfähigkeit. Bei der Migration wollen die Grünen Geringqualifizierten den Weg nach Deutschland bahnen, die Sozialleistungen dafür erheblich ausweiten, den Unterschied zwischen Asyl und Arbeitsmigration verwischen, die Ausweisung in sichere Herkunftsstaaten verweigern und damit die Zuwanderung in unsere Sozialsysteme ermöglichen und befördern.[701]

Damit scheint vordergründig alles gesagt, und doch bin ich davon überzeugt, dass auch Dobrindt ins Bett mit den Grünen steigen wird, sollte sich die Möglichkeit einer Regierungskoalition ergeben.

Kapitel 14

Die Grünen sind längst Teil der Globalisten-Netzwerke

Auch wenn sich die Ökosozialisten ihren Wählern gegenüber weiterhin als »links« und »kapitalismuskritisch« verkaufen, sind sie längst Teil der Globalisten-Netzwerke geworden, und insbesondere Annalena Baerbock gehört seit ihrer Ausbildung beim Weltwirtschaftsforum zu den neuen kosmopolitischen Funktionseliten. Zudem verfechten die Grünen wirtschafts- und verbotspolitische Themen, die mit den einstigen Wurzeln der alten Linken nicht mehr viel zu tun haben. Sie sind mittlerweile eine Symbiose mit mächtigen globalen Akteuren eingegangen, um den Globus nach deren Vorstellungen umzubauen.

Annalena Baerbocks Vernetzungen in die Welt der Eliten, Großkonzerne und Globalisten, und zwar nicht nur über das Weltwirtschaftsforum, zeigen mir, dass sie nicht von sich aus handelt, sondern eins zu eins die Agenda Klaus Schwabs und des WEF umsetzt. Die Grünen-Partei scheint dafür nur als Vehikel zu dienen. Baerbock ist meiner Meinung nach eine willige Vollstreckerin der Globalisten«, die unsere Welt, so wie wir sie kennen, radikal verändern wollen – und zwar auf Teufel komm raus und ohne Rücksicht auf die Menschen. Das Klima-Dogma steht dabei über allem, und das Schreckensszenario vom baldigen Untergang der Welt dient als Vorwand, um uns unsere Freiheiten und unsere Individualität zu rauben. Die Corona-Pandemie hat es vorgemacht, was uns allen in solchen Fällen blühen kann, nur dieses Mal im Namen des Klimas.

Am Ende dürfte eine totalitäre Mischung aus Kapitalismus und Kommunismus mit einer Eine-Welt-Regierung stehen, in welcher der Mensch nur noch ein überwachter Bürger mit eingeschränkten Freiheitsrechten ist, der einem übermächtigen Staat zu dienen hat. Aber niemand kann sagen, er hätte von nichts gewusst. Wer sehen will, kann sehen, wer lesen will, kann verstehen, wer hören will, kann begreifen.

Kapitel 15

Mit oder ohne Grüne: Das digitale Identitätsökosystem wird kommen!

Der Mensch als Nummer

Unabhängig von der Regierungsbeteiligung der grünen Ökosozialisten driften die EU und Deutschland auch noch in eine ganz andere Richtung ab, die jetzt schon zementiert ist: Die Bundesregierung will nämlich nach Blaupause des Weltwirtschaftsforums ein digitales Identitätsökosystem errichten.[702]

Bereits im Jahr 2018 hat das Weltwirtschaftsforum ein sogenanntes »Arbeitsprogramm«[703] für Regierungen und private Organisationen veröffentlicht, wie diese gemeinsam eine globale Infrastruktur für den digitalen Identitätsnachweis bauen können. Das Bundesfinanzministerium beschreibt in seinem Programm »drei verschiedene Digitalisierungspläne [...]:

1. das Europäische Identitätsökosystem, das als offene und genehmigungsfreie Identitätsinfrastruktur Nachweise jeglicher Art in der Sphäre der Bürgerinnen und Bürger digital verfügbar machen soll;

2. die Umsetzung des Onlinezugangsgesetzes (OZG) mit dem Ziel der dezidierten Stärkung und des Ausbaus digitaler Verwaltungsleistungen und der dazugehörigen digitalen Infrastruktur;

3. die Umsetzung der Registermodernisierung (Registermodernisierungsgesetz RegMoG), das die deutschen Register qualitativ verbessert und flächendeckend miteinander verknüpft.«[704]

Mit dem letzten Punkt ist das umstrittene und verfassungsrechtlich fragwürdige Projekt gemeint, die Steueridentifikationsnummer zur einheitlichen Bürgernummer zu machen.[705] Zum Europäischen Identitätsökosystem äußert sich das Finanzministerium wie folgt: »Das Europäische Identitätsökosystem – eine offene und genehmigungsfreie Identitätsinfrastruktur – soll Nachweise jeglicher Art in der Sphäre der Bürgerinnen und Bürger digital verfügbar machen. Mit Hilfe des Ökosystems können die Nachweise sehr nutzerfreundlich und zugleich selbstbestimmt geteilt und Onlineservices zugeführt werden.«[706] Auch die Rolle des Weltwirtschaftsforums wird explizit erwähnt, und so schließt sich der Kreis:»Deutschland ist jüngst in einen intensiver werdenden Dialog mit verschiedenen Mitgliedstaaten der Europäischen Union sowie mit internationalen Organisationen wie beispielsweise dem World Economic Forum (WEF) eingestiegen. Ziel ist es, die Mitgliedstaaten der EU und europäische Unternehmen nicht nur bei der Herausgabe von Nachweisen im Ökosystem zu unterstützen, sondern deren aktive Mitarbeit auch beispielsweise im Rahmen von Standardisierung oder beim Betrieb einzelner Infrastrukturkomponenten zu erreichen. Das Ökosystem soll damit offen für Anwendungen der Verwaltung sowie der Wirtschaft in ganz Europa sein und in seiner Veranlagung zudem auch den Austausch von Identitätsnachweisen von Unternehmen und Dingen berücksichtigen.«[707]

Das Weltwirtschaftsforum, das auch Annalena Baerbock ausbildet, wird wohl nicht zufällig erwähnt, denn es hat, wie bereits erwähnt, zusammen mit Accenture 2018 unter dem Titel »Identity in a Digital World: A new chapter in the social contract«[708] ein Arbeitsprogramm für Regierungen und private Organisationen veröffentlicht, in dem es um den Ausbau einer globalen Infrastruktur für den digitalen Identitätsnachweis geht. Daran mitgearbeitet haben:

► **Accenture**[709] – ein irisches Strategie- und Unternehmensberatungsunternehmen
► **ID2020**[710] – eine US-Organisation mit dem Ziel, einfache Zugänge zu digitalen Identifikationsformen weltweit zu schaffen (Gründungsmitglieder u. a.: Microsoft, Rockefeller Foundation)
► **Omidyar Network**[711] – eine selbsternannte »philanthropische nvestmentfirma«, die sich aus einer Stiftung und einer Impact-

Investmentfirma zusammensetzt und 2004 von eBay-Gründer Pierre Omidyar und seiner Frau Pam ins Leben gerufen wurde

- **Gates Stiftung**[712]
- **Gavi**[713] – eine Impfallianz, die weltweit öffentlich-private Partnerschaften pflegt, ihren Sitz in Genf hat und das Ziel verfolgt, in Entwicklungsländern den Zugang zu Impfungen zu verbessern
- **Mastercard**
- **Visa**
- **PayPal**
- **Amazon**
- **Open Society Foundations** (George Soros[714]) und eine Reihe der größten Banken, zusammen mit vielen Regierungen, unter der Führung des Weltwirtschaftsforums.

Dahinter steht das Projekt, dass jeder Mensch eine eindeutige Nummer bekommen soll, unter der alle Informationen über ihn versammelt werden. Dies perfektioniert die automatisierte Überwachung und Datenausbeutung,[715] stellt einen weiteren Schritt in den globalen Überwachungsstaat dar – und so schließt sich einmal mehr der Kreis. Denn auch Annalena Baerbock fordert mehr »digitale Verwaltungsleistungen« und »sichere Identitäten per Smartphone«: »Dreh- und Angelpunkt für die weitgehende Digitalisierung der Verwaltung sind eine elektronische ID.«[716] Na also!

Übrigens lehnten die Schweizer am 7. März 2021 in einer Volksabstimmung die Einführung einer elektronischen Identifikationsnummer mit 64 Prozent ab.[717] Diese Basisdemokratie, bei der das Volk und nicht die Volksvertreter bestimmen, ist hierzulande allerdings verpönt und nicht erwünscht. Das bisherige System der – ironisch ausgedrückt – »Parteien-Diktatur« wird auch unter einer möglichen grünen Kanzlerin Baerbock ganz sicher nicht im Sinne einer *direkten* Volksbeteiligung geändert werden.

Kapitel 16

»Neuordnung«: Wie desaströs unsere Zukunft aussehen könnte

Kommt bald der Klima-Lockdown?

Die Corona-Lockdowns haben gezeigt, dass sich der Staat nicht vor rigorosen Einschränkungen von Bürgerrechten scheut, wenn es um die »Sache« geht. Doch nach dem Lockdown ist vor dem Lockdown, denn der eigentliche Horror könnte uns noch bevorstehen – dann nämlich, wenn der »Klima-Lockdown« ausgerufen wird, was die Grünen wohl in kollektive Ekstase versetzen würde. Waren die Freiheitsbeschränkungen aufgrund von Corona nur ein Vorspiel für das, was bald kommen wird? Diese Frage ist berechtigt. Denn eifrige »Experten« schreiben jetzt schon, dass die Corona-Pandemie ein Teil des weltweiten Klimawandels sei,[718] und auf der sich wissenschaftlich gebenden Seite »covid X climate«[719] ergötzt man sich bereits über diese These. Auf der Webseite *climatelockdown.com* ist alarmierend zu lesen: »Wenn Sie der Meinung sind, dass die Covid-19-Pandemie schlimm ist, warten Sie, bis Sie sehen, wie sich der Klimawandel in naher Zukunft auf uns auswirken wird, wenn wir jetzt nichts unternehmen.«[720]

Wirtschaftsprofessor Helge Peukert von der Universität Siegen prognostiziert, dass man sich private Pkw aus Klimagründen bald nicht mehr erlauben kann. Außerdem sprach er sich für einen Klima-Lockdown aus: Man müsse die wirtschaftlichen Aktivitäten praktisch um 80–90 Prozent herunterfahren. Was im Rahmen von Covid-19 für kurze Zeit gut gegangen sei, müsse man aber für das Klima über einen viel längeren Zeitraum hinbekommen.[721] Auch Karl Lauterbach (SPD), seines Zeichens »Corona-Hysteriker«, hat in einem Interview in der *Welt* bereits eine Verbindung zwischen Corona und dem Klima hergestellt. Er sagte (Hervorhebungen d. d. Autor): »Für mich bleibt der Eindruck, dass es uns in Deutschland und auch in Europa, geschweige denn in den Vereinigten Staaten, ohne die Entwicklung eines Impfstoffes nicht gelungen wäre, diese Pandemie zu besiegen.

Eine Impfung gegen CO_2 wird es allerdings niemals geben. Somit benötigen wir Maßnahmen zur Bewältigung des Klimawandels, die analog zu den Einschränkungen der persönlichen Freiheit in der Pandemie-Bekämpfung sind.«[722]

Klaus Schwab vom Weltwirtschaftsforum geht noch um einiges weiter (Hervorhebungen d. d. Autor): »Die globale Gesundheitskrise hat die fehlende Nachhaltigkeit unseres alten Systems in Bezug auf den sozialen Zusammenhalt, den Mangel an Chancengleichheit und Inklusivität offengelegt. Auch können wir den Missständen von Rassismus und Diskriminierung nicht den Rücken kehren. **Wir müssen in diesen neuen Gesellschaftsvertrag unsere generationenübergreifende Verantwortung einbauen, um sicherzustellen, dass wir den Erwartungen der jungen Menschen gerecht werden.** [...] Diese **globale Pandemie** hat auch wieder gezeigt, wie sehr wir miteinander vernetzt sind. Wir müssen ein **funktionierendes System** intelligenter globaler Zusammenarbeit **wiederherstellen**, das strukturiert ist, um die Herausforderungen der nächsten 50 Jahre zu bewältigen. Der ›Great Reset‹ wird von uns verlangen, alle Stakeholder der **globalen Gesellschaft in eine Gemeinschaft mit gemeinsamen Interessen, Zielen und Handlungen zu integrieren.**«[723] Und António Guterres, Generalsekretär der Vereinten Nationen (UN) in New York, ergänzte (Hervorhebungen d. d. Autor): »Der ›Great Reset‹ ist eine **willkommene Erkenntnis**, dass diese menschliche Tragödie ein Weckruf sein muss. Wir müssen ausgeglichenere, integrativere und nachhaltigere **Volkswirtschaften und Gesellschaften aufbauen**, die angesichts von **Pandemien, Klimawandel** und den vielen anderen globalen Veränderungen, mit denen wir konfrontiert sind, **widerstandsfähiger sind.**«[724]

Weltwirtschaftsforum: Gräser- statt Fleischessen

Aber auch unsere Ernährung soll komplett verändert werden, geht es nach dem Willen des Weltwirtschaftsforums (WEF). In einem Artikel, der im November 2020 erschien, warb das WEF für den Verzehr von Gräsern mit dem Argument, diese könnten sehr nahrhaft und auch lecker sein.[725]

Der Hintergrund dafür ist die Neugestaltung des Nahrungsmittelsystems. UN-Generalsekretär António Guterres sagte dazu (Hervorhebung vom Verfasser):

> *Es ist an der Zeit, dass wir die Art, wie wir Nahrungsmittel produzieren und konsumieren, ändern. Die Neugestaltung des globalen Nahrungsmittelsystems ist unabdingbar, wenn wir unsere Nachhaltigkeitsziele erreichen wollen.*[726]

Die so propagierte »Neugestaltung unserer Ernährung« soll nach dem Willen des WEF aus dem Grund durchgeführt werden, weil unsere Nahrungsmittelkette für bis zu 37 Prozent der menschengemachten Emissionen von Treibhausgas verantwortlich sei. Auch die konventionelle Tierhaltung entspreche nicht den Nachhaltigkeitszielen, weshalb mehr in Laborfleisch investiert werden solle.[727] Das WEF empfahl ebenfalls die Reduktion des Fleischkonsums und stattdessen eine pflanzenreiche Ernährung (mehr Nüsse und Samen).[728] Baerbock will »Bio« zum »Standard« machen.[729] Wer sich die teuren Produkte dann aber noch leisten kann, bleibt offen. Ich vermute mal die Grünen-Wähler, die »normalen« Menschen müssen dann eben verzichten.

Nachhaltigkeitsziele, Verringerung der menschengemachten Emissionen, Umstellung der Tierhaltung, Reduktion des Fleischkonsums, Bioprodukte – kommen Ihnen diese Ideen nicht bekannt vor? Die Grünen, allen voran ihre WEF-Schülerin Annalena Baerbock, propagieren diese nämlich fast eins zu eins! Doch das alles lässt nichts Gutes für unsere Zukunft erwarten, ganz besonders angesichts der Hysterie, die unser Land in Sachen Klima und Corona erfasst hat. Allen voran die grünen Moralapostel, die nichts anderes zu tun haben, als uns jeden Tag zu sagen, was wir nicht mehr tun sollten und was alles teurer werden wird. Ein »Klima-Lockdown« hätte wohl ein Fleischverzehrverbot, eine Begrenzung der Nutzung von privaten Kraftfahrzeugen und eine Einschränkung der Nutzung von fossilen Brennstoffen zur Folge.[730]

Klimahysteriker: Tote essen!

Durch den Klimawandel steht die weltweite Nahrungsmittelversorgung kurz vor einer Katastrophe, so alarmieren manche Wissenschaftler. Deshalb schlagen einige von ihnen im Sinne des WEF vor, pflanzliche Proteine oder Fleisch aus Laboranbau oder Insekten zu konsumieren.[731] Ein schwedischer Wissenschaftler hatte jedoch einen Vorschlag gemacht, der das alles toppt – Kannibalismus! Dieser Irrsinn war sogar einen Artikel in der *New York Post*[732] wert. Und das kam so: Während des schwedischen Gastro-Gipfels 2019 hielt Magnus Söderlund, Professor an der Stockholm School of Economics, einen Vortrag mit dem Titel »Können Sie sich vorstellen, menschliches Fleisch zu essen?«. Söderlund führte das Argument an, der Klimawandel werde die Menschen dazu zwingen, andere Lebensmittel als bisher zu essen, darunter auch Haustiere, Insekten und vielleicht sogar menschliches Fleisch! Allerdings soll man dazu Menschen nicht töten, sondern das Fleisch von bereits toten Menschen essen.[733]

Der *Business Insider* kommentierte diese abstruse Idee sogar mit Verständnis:»Die Idee, Kannibalismus zur Ergänzung unserer Lebensmittelversorgung einzusetzen, ist nicht neu. Im Jahr 2018 fragte sich der Evolutionsbiologe Richard Dawkins, ob es möglich sein würde, Fleisch aus geernteten menschlichen Zellen in einem Labor anzubauen. [...] Für Dawkins und Söderlund könnte Kannibalismus eine Möglichkeit sein, sich auf eine Zukunft vorzubereiten, in der die Vorräte an einigen wichtigen Grundnahrungsmitteln ausgelöscht werden. Da klimabedingte Katastrophen wie Überschwemmungen, Dürren und extreme Hitze immer häufiger und extremer werden, wird es für landwirtschaftliche Erzeuger schwieriger sein, Pflanzen anzubauen.«[734]

Globalisten: Dürfen wir künftig nur noch in »Minihäusern« leben?

Auch den Bereich Wohnen wollen die Neuordnungsfanatiker komplett verändern. Künftig sollen wohl größere Einfamilienhäuser nicht mehr erwünscht sein, was mich an die kürzlich geführte Debatte der Grünen zu diesem Thema erinnert (siehe Kapitel 10). Bereits 2019 publizierte das WEF eine UN-Studie, die zu folgendem Schluss kam (Hervorhebungen vom Verfasser*)*:»Mit einer Küche, einem Bad, einem Essbereich und einem Schlafbereich für **bis zu vier Personen ist der 22 Quadratmeter** große Wohnsitz nicht nur Teil des Kleinstwohnraum-Trends, sondern **verkörpert auch viele der 17 Ziele der Vereinten Nationen für nachhaltige Entwicklung.** Er wird ausschließlich mit erneuerbaren Energien betrieben und soll das Potenzial zur Minimierung des Verbrauchs natürlicher Ressourcen wie Wasser testen. Das Projekt soll der Öffentlichkeit zeigen, was Sie in kleinen Wohnräumen mit minimaler Umweltbelastung tun können.«[735]

Baerbock bringt das »Bauhaus der Erde« ins Spiel, das auf eine weitgehende Umstellung von Stahlbeton auf Holz in Kombination mit nachhaltiger Aufforstung und nachhaltigem Waldumbau setzt. Wenn nämlich ein Einfamilienhaus aus Holz statt aus Beton, Stahl und Zement gebaut wird, »können 75 Hin- und Rückflüge von Berlin nach New York kompensiert werden«[736], so die Ökosozialistin. Schöne, neue, grüne Welt: Wir wohnen zukünftig nur noch in kleinen Holzhäusern! Woher der Platz für die Aufforstung für das viele Holz kommen soll, bleibt unklar, denn wenn wir, wie die Ökos das ja fordern, zukünftig Tausende neuer Windräder aufstellen müssen, wird viel Wald vernichtet werden. Die Grünen denken eben einfach nicht weiter!

Doch wohl nicht zufällig nahmen die deutschen »Lückenmedien« das Thema Bauen der Globalisten und Grünen auf. So wie etwa der SWR, der in seinem Format *SWR Wissen* bereits verkündete, dass Beton eine »CO_2-Klimaschleuder« sei: »Ob beim Bau neuer Brücken, Hochhäuser oder Straßen, überall, wo wir uns umschauen, finden wir Beton. Für das Klima ist das ein Problem. Denn wenn das wichtigste Baumaterial hergestellt wird, wird eine große Menge des Treibhausgases Kohlendioxid freigesetzt.«[737]

Sieht so also unsere Zukunft aus? Man kann es nicht oft genug sagen: Die Globalisten, Corona- und Klimahysteriker werden unsere Welt brutal verändern. Nichts wird mehr so sein, wie es bisher war. Nichts! Das Schlimmste daran ist aber, dass die Apologeten des Great Reset, des »Großen Neuanfangs«, dafür auch noch bejubelt werden! Und eine der Verfechterinnen dieser Neuen Weltordnung ist die Grüne Annalena Baerbock. Es sollte deshalb alles getan werden, um die »Globalisten-Kanzlerin«[738] und »WEF-Jüngerin«[739] an der Durchführung ihrer Pläne zu hindern.

Es sei noch einmal wiederholt: So viele Fehler, so viele Versprecher, so viel Unkenntnis wären in meinen Augen eine Schande für
Deutschland. Oder wie es Stefan Kuzmany im Zusammenhang mit
einer Kampagne[740] gegen die grüne Kanzlerkandidatin im *Spiegel* sa-
tirisch formulierte: »Stoppt Blödbock!«[741]

Abschließend noch ein paar Zitate:

*»Die Grünen wollen Deutschland in eine staatliche
Umerziehungsanstalt verwandeln.«[742]*

Alexander Dobrindt, CSU-Landesgruppenchef

*»So wenig Berührung mit der praktischen Seite von Politik hatte noch
nie jemand, der sich anschickte, das Land zu regieren.«[743]*

Jan Fleischhauer, Journalist

*»Noch ist vielen nicht klar, was die schöne, grüne Nachhaltigkeit kostet
und wer sie am Ende begleichen darf. Von den außenpolitischen
Fehltritten ganz zu schweigen. Für die meisten wird die grüne Rechnung unbezahlbar.«[744]*

Sarah Wagenknecht, Politikerin Die Linke

»Grün: Ich kann es mir leisten.«[745]

Jan Fleischhauer, Journalist

»Die Grünen bleiben das Preisschild schuldig.«[746]

Neue Zürcher Zeitung

*»Baerbock ist der Prototyp einer links-grünen Bourgeoisie,
die sich bequem und komfortabel in einem privilegierten und nahezu
abgeschotteten Paralleluniversum eingerichtet hat.«[747]*

Wolfgang L., Kommentar in der Neuen Zürcher Zeitung

»›Ehrlichkeit ist für mich eine Grundtugend‹, sagt Baerbock. Ein wenig Ehrlichkeit, welche Belastungen auf die Deutschen nach der Bundestagswahl zukommen könnten, wäre ein Anfang.«[748]

Neue Zürcher Zeitung

Das beste Zitat von Annalena Baerbock selbst habe ich mir für den Schluss aufgehoben. Es lautet: *»Meine Partei oder ich muss auch nicht in allem recht haben.«*[749]

Und last not least meine persönliche Meinung:

»Wer Grüne wählt, der sollte zum Psychiater gehen.«

Quellenverzeichnis

Sämtliche Links in den Quellenangaben waren bei Redaktionsschluss online zugänglich. Möglicherweise haben Seitenbetreiber in der Zwischenzeit Links hinter einer Paywall versteckt. Dies liegt nicht im Verantwortungsbereich von Autoren und Verlag. Für Links, die nach der Veröffentlichung von den Seitenbetreibern gelöscht oder verändert wurden, übernehmen Autor und Verlag keine Verantwortung. Manche verlorenen Links können mithilfe der Wayback Machine im Internet Archive aufgefunden werden: *https://archive.org/web/*.

1   Annalena Baerbock bei ihrer Rede auf dem Parteitag der Grünen am 12. Juni 2021,
    phoenix live; *www.youtube.com/watch?v=2cndZnYHpW0*.

2   Baerbock, Annalena: *Jetzt: Wie wir unser Land erneuern*, Ullstein, Berlin 2021, S. 102.

3   Annalena Baerbock bei ihrer Rede auf dem Parteitag der Grünen am 12. Juni 2021, *phoenix live*; *www.youtube.com/watch?v=2cndZnYHpW0*.

4   Baerbock, Annalena: *Jetzt: Wie wir unser Land erneuern*, Ullstein, Berlin 2021, S. 13 f.

5   Ebd., S. 86.

6   Ebd., S. 158.

7   Ebd., S. 62.

8   Ebd., S. 65 f.

9   Ebd., S. 203.

10 Ebd. S. 230.

11 Ebd., S. 233.

12 *Der Spiegel*, 17/2021, S. 16.

13 Knobbe, Martin: »Sagen, was kommt« in: *Der Spiegel*, 17/2021, S. 6.

14 *www.cicero.de/innenpolitik/annalena-baerbock-kanzlerkandidatur-gruene-aera-kohl*.

15 *www.tichyseinblick.de/meinungen/baerbock-oekodiktatur-wie-man-einen-staat-und-seine-buerger-ruiniert/.*

16 *www.tichyseinblick.de/meinungen/bundeskanzlerin-baerbock/.*

17 *Der Spiegel,* 20/2021, S. 24.

18 *Die Welt,* 1. März 2019.

19 Bei der Drucklegung des Buches war es noch nicht klar, ob die Grünen in Sachsen-Anhalt weiter mitregieren werden. Wenn nicht, wären es nur noch 10 Bundesländer mit ihrer Regierungsbeteiligung.

20 *www.focus.de/politik/deutschland/16-jahre-kanzlerschaft-cdu-als-mittel-zum-zweck-in-merkels-regentschaft-brauchte-es-nie-eine-partei_id_13334177.html.*

21 Ebd.; siehe auch Alexander, Robin: *Machtverfall. Merkels Ende und das Drama der deutschen Politik. Ein Report,* München 2021.

22 *www.focus.de/politik/deutschland/16-jahre-kanzlerschaft-cdu-als-mittel-zum-zweck-in-merkels-regentschaft-brauchte-es-nie-eine-partei_id_13334177.html.*

23 Ebd.

24 *www.spiegel.de/politik/deutschland/annalena-baerbock-eu-strategen-raetseln-ueber-gruenen-kanzlerkandidatin-a-2a1d5f2c-02d1-4df3-87c5-d2d827dcc444.*

25 *Der Spiegel,* 22/2021, S. 13.

26 *www.tichyseinblick.de/meinungen/baerbock-oekodiktatur-wie-man-einen-staat-und-seine-buerger-ruiniert/.*

27 Ebd.

28 Ebd.

29 *taz.de/Annalena-Baerbock-ueber-Kanzlerinnenamt/!5734264/.*

30 *www.wochenblick.at/great-reset-juengerin-angezaehlt-will-sich-baerbock-ins-kanzleramt-schummeln/.*

31 Baerbock, Annalena: *Jetzt: Wie wir unser Land erneuern,* Ullstein, Berlin 2021, S. 16.

32 *www.spiegel.de/politik/deutschland/gruene-vor-der-bundestagswahl-robert-habeck-haelt-buendnis-mit-linkspartei-fuer-moeglich-a-c9ab5d38-0c7e-4e7d-be09-0ffc327bcd97.*

33 *www.n-tv.de/politik/politik_person_der_woche/Robert-Habeck-Kanzlerkandidat-von-GR2-article21052599.html.*

34 Ebd.

35 *www.bild.de/politik/inland/politik-inland/baerbock-bei-die-richtigen-fragen-ich-grille-sehr-gerne-76571290.bild.html.*

36 *www.bild.de/politik/inland/politik-inland/winfried-kretschmann-niemand-muss-angst-vor-gruenem-kanzler-haben-62974782.bild.html.*

37 *Der Spiegel*, 22/2021, S. 22.

38 Ebd.

39 Ebd.

40 Ebd.

41 *www.bunte.de/panorama/politik/sahra-wagenknecht-kritik-annalena-baerbock-bedenklich-brandgefaehrlich.html.*

42 Ebd.

43 Ebd.

44 Ebd.

45 Ebd.

46 Ebd.

47 Ebd.

48 *www.zeit.de/politik/2021-06/die-linke-sarah-wagenknecht-parteiausschluss-nrw.*

49 *phoenix live*, 19. April 2021, 11:00–12:00 Uhr.

50 Kommentar von Peter Müller zu Gujer, Eric (Chefredakteur der *Neuen Zürcher Zeitung*): »Badet Baerbock gerne lau? Die grüne Kanzlerkandidatin bleibt Antworten schuldig – zu ihrem Charakter und ihren Überzeugungen«, Newsletter »Der andere Blick« in: *www.nzz.ch/meinung/baerbock-bleibt-antworten-zu-charakter-und-ueberzeugungen-schuldig-ld.1628613.*

51 *www.noz.de/deutschland-welt/politik/artikel/1960310/annalena-baerbock-der-heimliche-star-der-gruenen-blitzkarriere-seit-2013.*

52 Baerbock, Annalena: *Jetzt: Wie wir unser Land erneuern*, Ullstein, Berlin 2021, S. 44.

53 *de.rt.com/inland/118940-frau-baerbock-und-wikipedia-kritik/.*

54 Baerbock, Annalena: *Jetzt: Wie wir unser Land erneuern*, Ullstein, Berlin 2021; *www.bild.de/politik/inland/politik-inland/annalena-baerbock-schreibt-ihr-erstes-buch-das-steht-drin-76746220.bild.html.*

55 Ebd.

56 Baerbock, Annalena: *Jetzt: Wie wir unser Land erneuern*, Ullstein, Berlin 2021, S. 116 f.; Rosenkranz, Jan: »Bei jedem Sprung, den man neu lernt, weiß man nicht, ob man auf dem Kopf oder auf den Füssen landet« in: *Stern*, Nr. 17, 22. April 2021, S. 27.

57 *www.ndr.de/nachrichten/niedersachsen/hannover_weser-leinegebiet/Annalena-Baerbock-Aus-Pattensen-ins-Kanzleramt,baerbock180.html.*

58 Ebd.

59 Ebd.

60 Baerbock, Annalena: *Jetzt: Wie wir unser Land erneuern*, Ullstein, Berlin 2021, S. 138 ff.

61 *www.podcast.de/episode/500361342/Annalena+Baerbock/.*

62 Baerbock, Annalena: *Jetzt: Wie wir unser Land erneuern*, Ullstein, Berlin 2021, S. 55.

63 Ebd. S. 141 ff.

64 *www.bundestag.de/abgeordnete/biografien/B/baerbock_annalena-518092.*

65 *www.sueddeutsche.de/politik/baerbock-kanzlerkandidatur-uni-titel-voelkerrechtlerin-1.5295423.*

66 *www.faz.net/aktuell/karriere-hochschule/hoersaal/annalena-baerbocks-studium-in-london-master-ohne-bachelor-17336848.html.*

67 Ebd.

68 *www.sueddeutsche.de/politik/baerbock-kanzlerkandidatur-uni-titel-voelkerrechtlerin-1.5295423.*

69 *www.tichyseinblick.de/daili-es-sentials/baerbocks-studium-in-london-ihr-abschluss-aufsatz-bleibt-geheim/.*

70 Baerbock, Annalena: *Jetzt: Wie wir unser Land erneuern*, Ullstein, Berlin 2021, S. 178.

71 *www.tichyseinblick.de/daili-es-sentials/baerbocks-studium-in-london-ihr-abschluss-aufsatz-bleibt-geheim/.*

72   *annalena-baerbock.de/wp-content/uploads/2021/05/CV_
      deutsch_2021_05-1.pdf.* (Screenshot Archiv/Grandt).

73   *www.tichyseinblick.de/daili-es-sentials/baerbocks-studium-in-london-
      ihr-abschluss-aufsatz-bleibt-geheim/.*

74   Ebd.

75   Ebd.

76   Ebd.

77   Ebd.

78   *www.duden.de/rechtschreibung/Propaedeutik.*

79   *www.tichyseinblick.de/daili-es-sentials/baerbocks-studium-in-london-
      ihr-abschluss-aufsatz-bleibt-geheim/.*

80   Ebd.

81   Ebd.

82   *exxpress.at/mysterioes-baerbocks-doktorarbeit-hat-wer-anderer-fertig-
      gestellt/.*

83   *www.welt.de/politik/deutschland/article231608455/Baerbock-
      praezisiert-nach-Vorwuerfen-erneut-Angaben-im-Lebenslauf.html.*

84   *www.businessinsider.de/wirtschaft/politiker-nobelpreistraeger-musiker-
      diese-17-beruehmtheiten-kommen-von-der-london-school-of-
      economics-2016-5/.*

85   Ebd.

86   *www.unhcr.org/dach/de.*

87   Screenshot/Archiv Grandt vom 26. Mai 2021: *annalena-baerbock.de/
      wp-content/uploads/2021/06/CV_deutsch_2021_06.pdf.*

88   Screenshot/Archiv Grandt vom 4. Juni 2021: *annalena-baerbock.de/
      wp-content/uploads/2021/06/CV_deutsch_2021_06.pdf.*

89   Screenshot/Archiv Grandt vom 9. Juni 2021: *annalena-baerbock.de/
      wp-content/uploads/2021/06/CV_deutsch_2021_06.pdf.*

90   *www.bild.de/politik/inland/politik-inland/noch-drei-angaben-falsch-
      neuer-bluff-im-baerbock-lebenslauf-76630686.bild.html.*

91   Ebd.

92   *www.welt.de/politik/deutschland/article231608455/Baerbock-
      praezisiert-nach-Vorwuerfen-erneut-Angaben-im-Lebenslauf.html.*

93 *www.bild.de/politik/inland/politik-inland/noch-drei-angaben-falsch-neuer-bluff-im-baerbock-lebenslauf-76630686.bild.html.*

94 *twitter.com/GruenSprecher/status/1401089962418884612?ref_src=twsrc%5Etfw%7Ctwcamp%5Etweetembed%7Ctwterm%5E1401089962418884612%7Ctwgr%5E%7Ctwcon%5Es1_&ref_url=https%3A%2F%2Fwww.bild.de%2Fpolitik%2Finland%2Fpolitik-inland%2Fnoch-drei-angaben-falsch-neuer-bluff-im-baerbock-lebenslauf-76630686.bild.html.*

95 *www.bild.de/politik/inland/politik-inland/noch-drei-angaben-falsch-neuer-bluff-im-baerbock-lebenslauf-76630686.bild.html.*

96 *web.archive.org/web/20061207111236/http://www.elisabeth-schroedter.de:80/kontakt/index.htm.*

97 *www.welt.de/politik/deutschland/article231608455/Baerbock-praezisiert-nach-Vorwuerfen-erneut-Angaben-im-Lebenslauf.html.*

98 Ebd.

99 Ebd.

100 *www.spiegel.de/politik/deutschland/annalena-baerbock-gruene-korrigieren-weitere-ungenauigkeit-in-lebenslauf-a-c89e55c5-ce41-46c6-9f15-c50cd7912b6d.*

101 *www.bild.de/politik/inland/politik-inland/noch-drei-angaben-falsch-neuer-bluff-im-baerbock-lebenslauf-76630686.bild.html.*

102 Ebd.

103 Ebd.

104 *twitter.com/PhilipPlickert/status/1400942255167393807?ref_src=twsrc%5Etfw%7Ctwcamp%5Etweetembed%7Ctwterm%5E1400942255167393807%7Ctwgr%5E%7Ctwcon%5Es1_&ref_url=https%3A%2F%2Fwww.wochenblick.at%2Fgreat-reset-juengerin-angezaehlt-will-sich-baerbock-ins-kanzleramt-schummeln%2F.*

105 *www.bild.de/politik/inland/politik-inland/ausgerechnet-in-der-ard-knallhart-fragen-an-baerbock-zum-lebenslauf-bluff-76697774.bild.html.*

106 In der Sendung *Farbe bekennen*, ARD, am 10. Juni 2021.

107 Ebd.

108 Ebd.

109 *www.tichyseinblick.de/daili-es-sentials/das-drama-des-unbegabten-kindes/.*

110 Baerbock, Annalena: *Jetzt. Wie wir unser Land erneuern,* Ullstein, Berlin 2021.

111 *www.bild.de/politik/inland/politik-inland/baerbocks-buch-selbst-passagen-ueber-eigene-reisen-sind-abgekupfert-76994536.bild.html.*

112 Baerbock, Annalena: *Jetzt. Wie wir unser Land erneuern,* Ullstein, Berlin 2021, S. 45 f.

113 *www.dw.com/de/albtraum-ohne-ende-f%C3%BCr-jesidische-kinder/a-54396392.*

114 *www.handelsblatt.com/politik/deutschland/gruene-versuchter-rufmord-annalena-baerbock-im-visier-eines-plagiatjaegers/27376372.html?ticket=ST-4290230-AJlv02TE4vdokkZQd4yn-ap1.*

115 *www.welt.de/politik/deutschland/article232366653/Baerbocks-aeussert-Selbstkritik-Quellenverzeichnis-waere-besser-gewesen.html.*

116 *www.wochenblick.at/great-reset-juengerin-angezaehlt-will-sich-baerbock-ins-kanzleramt-schummeln/.*

117 *www.ndr.de/nachrichten/niedersachsen/hannover_weser-leinegebiet/Annalena-Baerbock-Aus-Pattensen-ins-Kanzleramt,baerbock180.html.*

118 *twitter.com/gruensprecher/status/1392057518030041088?s=12.*

119 *www.tagesspiegel.de/politik/annalena-baerbock-gruene/8957572.html.*

120 *www.bundestag.de/abgeordnete/biografien/B/baerbock_annalena-518092.*

121 Ebd.

122 *cms.gruene.de/uploads/documents/BAG-Statut.pdf.*

123 *www.bundeswahlleiter.de/bundestagswahlen/2013/ergebnisse/bund-99/land-12/wahlkreis-61.html.*

124 *www.bundestag.de/abgeordnete/biografien/B/baerbock_annalena-518092.*

125 *archive.ph/20130412072413/http://gruene-brandenburg.de/partei/parteitage/ldk-in-potsdam-2013/.*

126 *www.bz-berlin.de/liveticker/brandenburgs-gruene-setzen-auf-baerbock.*

127 *taz.de/Neue-Doppelspitze-der-Gruenen/!5480282/.*

128 *www.spiegel.de/politik/deutschland/gruene-annalena-baerbock-als-chefin-wiedergewaehlt-a-1296861.html.*

129 *Der Spiegel*, 22/2019, S. 34.

130 *Der Spiegel*, 22/2019, S. 36.

131 Ebd.

132 Ebd.

133 Ebd.

134 Ebd.

135 Ebd.

136 Ebd.

137 *www.gruene-hessen.de/regierung/.*

138 *Der Spiegel*, 22/2019, S. 35.

139 *Der Spiegel*, 17/2021, S. 22.

140 *www.fuersie.de/unterhaltung/daniel-holefleisch-annalena-baerbocks-ehemann-im-portraet-6704.html.*

141 *webcache.googleusercontent.com/search?q=cache:R9E1jdtvpD8J:https://ratsinfo.goettingen.de/bi/kp020.asp%3FKPLFDNR%3D19+&cd=1&hl=de&ct=clnk&gl=de&client=safari.*

142 *Der Spiegel*, 17/2021, S. 22.

143 *www.politik-kommunikation.de/personalwechsel/holefleisch-managt-public-affairs-bei-der-deutsche-post-dhl-group-17888639.*

144 *www.fuersie.de/unterhaltung/daniel-holefleisch-annalena-baerbocks-ehemann-im-portraet-6704.html.*

145 *taz.de/Ehemann-der-Gruenen-Kanzlerkandidatin/!5767542/.*

146 Ebd.

147 Ebd.

148 *www.fuersie.de/unterhaltung/daniel-holefleisch-annalena-baerbocks-ehemann-im-portraet-6704.html.*

149 *www.morgenpost.de/politik/article232091873/Annalena-Baerbock-Mann-Daniel-Holefleisch.html.*

150 Beyer, Susanne: »Die andere K-Frage« in: *Der Spiegel*, 19/2021, S. 38.

151 Baerbock, Annalena: *Jetzt: Wie wir unser Land erneuern,* Ullstein, Berlin 2021, S. 61.

152 *www.fuersie.de/unterhaltung/daniel-holefleisch-annalena-baerbocks-ehemann-im-portraet-6704.html.*

153 *https://www.fuersie.de/unterhaltung/annalena-baerbock-alles-ueber-die-kanzlerkandidatin-der-gruenen-6627.html.*

154 *www.morgenpost.de/politik/article232091873/Annalena-Baerbock-Mann-Daniel-Holefleisch.html.*

155 *www.fuersie.de/unterhaltung/daniel-holefleisch-annalena-baerbocks-ehemann-im-portraet-6704.html.*

156 Ebd.

157 *www.handelsblatt.com/politik/deutschland/kanzlerkandidatin-baerbock-ehemann-will-sich-bei-wahlsieg-voll-um-die-kinder-kuemmern/27194928.html.*

158 Ebd.

159 *www.zeit.de/politik/deutschland/2021-04/gruene-nominieren-annalena-baerbock-als-kanzlerkandidatin.*

160 *annalena-baerbock.de/transparenz/; www.merkur.de/leben/geld/annalena-baerbock-gehalt-gruene-politikerin-bundestagsabgeordnete-verdienst-zr-90469163.html; www.bundestag.de/abgeordnete/mdb_diaeten/1334e-260800.*

161 Ebd.

162 *annalena-baerbock.de/transparenz/.*

163 Ebd.

164 Ebd.

165 Ebd.

166 Ebd.

167 *www.welt.de/politik/deutschland/article231231375/25-000-Euro-Baerbock-meldet-beim-Bundestag-Nebeneinkuenfte-nach.html.*

168 Ebd.

169 Ebd.

170 *Der Spiegel,* 21/2021, S. 29.

171 Ebd.

172 Ebd.

173 Ebd.

174 Ebd.

175 *www.tagesspiegel.de/politik/gruenen-zahlungen-an-kanzlerkandidatin-wie-baerbock-ihr-versaeumnis-mit-zwei-neuen-fehlern-verteidigt/27239708.html.*

176 Siehe *maischberger. die Woche*, ARD, vom 26. Mai 2021; transkribiert in: *www.bild.de/politik/talk-kritik/talk-kritk/maischberger-talk-baerbock-hat-sich-ihr-weihnachtsgeld-selbst-genehmigt-76532854.bild.html.*

177 Ebd.

178 Ebd.

179 Ebd.

180 Ebd.

181 *Der Spiegel*, 21/2021, S. 29; *www.spiegel.de/politik/deutschland/hans-christian-stroebele-ueber-boni-fuer-annalena-baerbock-wir-brauchen-volle-transparenz-a-0e15c36f-0002-0001-0000-000177604434.*

182 Ebd.

183 Ebd.

184 *www.merkur.de/leben/geld/annalena-baerbock-gehalt-gruene-politikerin-bundestagsabgeordnete-verdienst-zr-90469163.html.*

185 *maischberger. die Woche*, ARD, vom 26. Mai 2021; transkribiert in: *www.bild.de/politik/talk-kritik/talk-kritk/maischberger-talk-baerbock-hat-sich-ihr-weihnachtsgeld-selbst-genehmigt-76532854.bild.html.*

186 Ebd.

187 *www.bild.de/politik/inland/politik-inland/baerbock-bei-die-richtigen-fragen-ich-grille-sehr-gerne-76571290.bild.html.*

188 *www.welt.de/politik/deutschland/article127846061/Gruenen-Fraktionschef-hinterzieht-jahrelang-Steuern.html.*

189 Ebd.

190 Ebd.

191 Ebd.

192 Ebd.

193 *phoenix live*, ARD, vom 19. April 2021.

194 *www.focus.de/auto/elektroauto/gruenen-chefin-im-sommerinterview-best-of-baerbock-die-gruenen-loesen-endlich-das-kobold-problem-bei-elektroautos_id_10972692.html,*.

195 *Maybritt Illner*, ZDF, vom 13. Dezember 2018.

196 *www.tichyseinblick.de/daili-es-sentials/das-drama-des-unbegabten-kindes/*.

197 Ebd.

198 Ebd.

199 Ebd.

200 *Der Spiegel*, 20/2021, S. 23.

201 *www.tichyseinblick.de/daili-es-sentials/das-drama-des-unbegabten-kindes/*.

202 Siehe *Brennpunkt*, ARD: Atomkatastrophe in Japan vom 15. März 2011.

203 Siehe *Bundestag.de* sowie *phoenix live* vom 27. September 2018.

204 *www.nzz.ch/meinung/baerbock-bleibt-antworten-zu-charakter-und-ueberzeugungen-schuldig-ld.1628613*.

205 *WEF_YGL_Annual_Repot_2018_2019.pdf (weforum.org)*, S. 20.

206 *global-shapers-stuttgart.org/*.

207 *www.globalshapers.org/*.

208 *www3.weforum.org/docs/WEF_The_Great_Reset_AM21_German.pdf*.

209 *www.faz.net/aktuell/wirtschaft/weltwirtschaftsforum/weltwirtschaftsforum-davos-club-der-weltveraenderer-14651175.html*.

210 *www.politik-kommunikation.de/ressorts/artikel/das-machtsystem-des-weltwirtschaftsforums-1841413001*.

211 Ebd.

212 Ebd.

213 Ebd.

214 Interview mit Jürgen Trittin in: *Der Spiegel* 22/2021, S. 20.

215 Siehe Grandt, Michael: *Die Grünen. Zwischen Kindersex, Kriegshetze und Zwangsbeglückung*, Kopp Verlag, Rottenburg 2015.

216 *www.weforum.org/agenda/2016/11/8-predictions-for-the-world-in-2030/?utm_content=bufferdda7f&utm_medium=social&utm_source=facebook.com&utm_campaign=buffer.*

217 Ebd.

218 Ebd.; *www.weforum.org/agenda/2016/11/5-predictions-for-energy-in-2030.*

219 *www.weforum.org/agenda/2016/11/8-predictions-for-the-world-in-2030/?utm_content=bufferdda7f&utm_medium=social&utm_source=facebook.com&utm_campaign=buffer; www.weforum.org/agenda/2016/11/america-s-dominance-is-over.*

220 Ebd.; *www.weforum.org/agenda/2016/11/healthcare-in-2030-goodbye-hospital-hello-home-spital.*

221 Ebd.

222 Ebd.; *www.weforum.org/agenda/2016/11/refugees-in-2030.*

223 Ebd.; *www.weforum.org/agenda/2016/11/democracy-checks-balances.*

224 Ebd.; *www.weforum.org/agenda/2016/11/by-the-2030s-well-be-ready-to-start-sending-people-to-mars.*

225 *norberthaering.de/die-regenten-der-welt/baerbock-weltwirtschaftsforums/.*

226 *www.younggloballeaders.org/community?utf8=%E2%9C%93&q=baerbock&x=0&y=0&status=&class_year=&sector=&region=a0Tb00000000DCLEA2; www.younggloballeaders.org/community?utf8=%E2%9C%93&q=baerbock.*

227 Ebd.

228 *www3.weforum.org/docs/WEF_YGL_Annual_Repot_2018_2019.pdf* siehe S. 4.

229 Frühere deutsche Teilnehmer: Adam C. Bird (Leiter der globalen Consumer Tech & Media Practice McKinsey & Company), Katinka Barysch (Ökonomin, politische Analystin und Beraterin im Konzernstrategie-Team der Allianz SE; Beraterin mehrerer Regierungen, der Europäischen Kommission, der Münchner Sicherheitskonferenz, zahlreicher Banken und Wirtschaftsverbände; Autorin, Rednerin), Mehmet Gürcan Daimagüler (Jurist und Experte für Öffentlichkeitspolitik, bis 2005 im FDP-Bundesvorstand), Olafur

Eliasson (Künstler, Studio Olafur Eliasson GmbH), Carola Ferstl (Editor, Präsenter und Filmemacher N-TV), Alexander Geiser (Managing Partner), Hering Schuppener Consulting Strategieberatung für Kommunikation GmbH), Banafsheh Geretzki (leitende Funktion bei BlackRock London, zuvor bei Alvarez & Marsal tätig, wo sie an zahlreichen Restrukturierungsprojekten und der Beratung von Staaten beteiligt war), Christine Graeff (bis Ende 2020 Generaldirektorin der EZB, ab 1. Januar 2021 Kommunikationschefin bei der Großbank Credit Suisse), Gregor Hackmack (Geschäftsführer von *Change.org* und Gründer von *Abgeordnetenwatch.de*), Solveigh Hieronimus (Führungsteam McKinsey & Company), Lars Hinrichs (Vorstandsvorsitzender von Cinco Capital GmbH), Florian Hoffmann (Gründer von The DO School), Dirk Carsten Hoke (Geschäftsführer von Airbus Defence and Space), Insa Klasing (ehemalige Geschäftsführerin von KFC Deutschland, Österreich, Schweiz und Dänemark, jetzt Mitbegründerin & CEO von TheNextWe, Berlin), Christian Kroll (Bertelsmann Stiftung), Moritz Lehmkuhl (Gründer und Founder von Geschäftsführer von ClimatePartner, einem internationalen Beratungs- und Dienstleistungsunternehmen im Bereich des freiwilligen Klimaschutzes), David Lubell (Gründer der NGO Welcoming America und Welcoming International, Berlin), Verena Pausder (Vorstandsmitglied AVS-Advisors, HABA Digitalwerkstatt und Fox & Sheep; wichtigste Entwicklerin von Kinder-Apps), Prof. Dr. Klaus Schweinsberg (Leitung des Centrums für Strategie und Höhere Führung, Dozent in der Generalstabsausbildung der deutschen Streitkräfte), Thomas Saueressig (Vorstandsmitglied SAP), Lisa Witter (Apolitical) und Peter Würtenberger (UpDay for Samsung, Axel Springer); *www.epochtimes.de/politik/deutschland/annalena-baerbock-jens-spahn-und-das-weltwirtschaftsforum-a3402541.html.*

230 Die vollständige Liste der Class 2020 laut *www.epochtimes.de/politik/deutschland/annalena-baerbock-jens-spahn-und-das-weltwirtschaftsforum-a3402541.html*: Ugyen Dorji, Byju Raveendran, Bhavin Shah, Nicole Vogrin, Rebecca M. Heller, Barbara Maul (Mulvee), Karen Karniol-Tambour, Jack Conte, Brandon Stanton,

Megan Rapinoe, Kate Brandt, Mei Mei Hu, Emi Nakamura, Pamela Chan, Komal Dadlani, Kabir Sehgal, Jukay Hsu, Aslihan Denizkurdu, Gregg Treinish, Stacey Tank, Griffin R. Myers, Sally Shin, Jason Camm, Leland Maschmeyer, Fredros Okumu, Faraja Nyalandu, Larry Madowo, Chinny Ogunro, Lamya AlHaj, Noor Sweid, Fainy Sukenik, Mayur Patel, Raya Yusuf-Sbitany, Ines Arrimadas, Annalena Baerbock, Niki Kerameus, Gabriel Attal, Kristo Kaarmann, Joelle Faulkner, Michael Kratsios, Kush Saxena, Muhammad Hammad Azhar, Fabio Ziemssen, Gabriel Marcolongo, Faisal Alibrahim, Marga Gual Soler, Maryam Monsef, Carlalberto Guglielminotti, Niklas Adalberth, Thani Ahmed Al Zeyoudi, Christian Zeinler, Mette Lykke, Sanna Marin, Matthew Caruana Galizia, Tunde Kehinde, Kojo Oppong Nkrumah, Eduardo Figueiredo Cavalheiro Leite, Johana Bahamon, Susana Sierra, Elisa Vegas, Bernardo Asuaje, Veronica Ruiz del Vizo, Jesús Cepeda, Akshay Naheta, Kate Gallego, Lauren Underwood, Ludovic Subran, Zhu Xiaoxuan, Yasui Yoshiki, Akiko Naka, Hyungu Dave Cho, Fang (Miranda) Qu, Katsuya Uenoyama, Tianshi Chen, Fumiaki Kobayashi, Stephanie Lo, Weiwei Xing, Jin He, Nancie Zhu, Chew Shou Zi, Ying Jiang, Qiaomei Fu, Otto Sonnenholzner, Paula Ingabire, Krasna Cham, Elisha London, Cherrie Atilano, Manuella Kaster, James Rogers, Alicia Garza, Viridiana Rios, Rafael Paz, Delfina Irazusta, Caroline Malcolm, Yetnebersh Nigussie, David Ikkersheim, Shani Senbetta, Anahita Thoms, Aurelie Adam-Soule Zoumarou, Gaurav Gupta, Wan Nadiah Wan Mohd Abdullah Yaakob, Tara Singh Vachani, Shauna Aminath, Golriz Ghahraman, Atika Rehman, Sarah Chen, Grace Natalie Louisa, Swapan Mehra, Pradip Pariyar, Vivek Salgaocar, Jeffrey Lu, Vinati Mutreja, Henry Motte-Muñoz, Veronika Linardi.

231 *www.epochtimes.de/politik/deutschland/annalena-baerbock-jens-spahn-und-das-weltwirtschaftsforum-a3402541.html.*

232 Ebd.

233 Ebd.

234 Ebd.

235 Ebd.; der Jahrgang 2021 ist einsehbar auf *www.younggloballeaders.org/new-class?utf8=√&region=a0Tb00000000DCLEA2#results.*

236 *www3.weforum.org/docs/WEF_First40Years_Book_2010.pdf.*

237 *www.businessinsider.de/gruenderszene/allgemein/young-global-leaders-verena-pausder/*; *norberthaering.de/die-regenten-der-welt/baerbock-weltwirtschaftsforums/.*

238 Ebd.

239 *www3.weforum.org/docs/WEF_YGL_Annual_Repot_2018_2019.pdf*, S. 17.

240 Siehe *www.businessinsider.de/gruenderszene/allgemein/young-global-leaders-verena-pausder/*; *norberthaering.de/die-regenten-der-welt/baerbock-weltwirtschaftsforums/.*

241 *www.tichyseinblick.de/meinungen/bundeskanzlerin-baerbock/*; *www.younggloballeaders.org/vision-and-mission.*

242 *www.tichyseinblick.de/meinungen/bundeskanzlerin-baerbock/.*

243 Mehr zu ihrer Person in meinem Buch *Kommt die Klima-Diktatur? Eine faktenreiche Analyse des grünen Klimawahns,* Kopp Verlag, Rottenburg 2020.

244 *www.stuttgarter-zeitung.de/inhalt.joe-kaeser-in-davos-siemens-chef-verlangt-loesungsvorschlaege-von-klimaaktivisten.ea239dfd-a4dd-40fa-8ad5-ddd079ced504.html.*

245 *www.n-tv.de/wirtschaft/Kaeser-erinnert-Baerbock-an-Merkel-article22591050.html.*

246 *www.sueddeutsche.de/wirtschaft/baerbock-bundestagswahl-kaeser-1.5310427.*

247 *www.weforum.org/search?query=Kaeser.*

248 *www.weforum.org/agenda/authors/joe-kaeser.*

249 *de.rt.com/meinung/117815-ein-politisches-manifest-doch-baerbocks-transatlantischer-auftritt-verhallt/.*

250 Ebd.

251 Baerbock, Annalena: *Jetzt: Wie wir unser Land erneuern*, Ullstein, Berlin 2021, S. 85.

252 Ebd., S. 194.

253 Ebd., S. 191 ff.

254 Ebd., S. 201

255 www.aargauerzeitung.ch/schweiz/ein-unmogliches-geschenk-weshalb-die-einburgerung-von-wef-grunder-klaus-schwab-scheitern-wird-ld.1144493.

256 Siehe Dunsch, Jürgen: *Gastgeber der Mächtigen: Klaus Schwab und das Weltwirtschaftsforum in Davos*, FinanzBuch Verlag, München 2016.

257 Ebd.

258 Schwab, Klaus: *Die Vierte industrielle Revolution*, Pantheon Verlag, München 2016; www.penguinrandomhouse.de/leseprobe/Die-Zukunft-der-Vierten-Industriellen-Revolution/leseprobe_9783421048400.pdf.

259 Ebd.

260 Siehe www.deutschlandfunkkultur.de/klaus-schwab-die-vierte-industrielle-revolution-der.950.de.html?dram:article_id=361268; www.deutschlandfunk.de/fachbuch-die-schattenseiten-der-industriellen-revolution.1310.de.html?dram:article_id=359750; www.spektrum.de/rezension/buchkritik-zu-die-vierte-industrielle-revolution/1423651.

261 europeanacademyofreligionandsociety.com/news/coronavirus-and-the-transhuman-future/#_ftn8.

262 Schwab, Klaus, Malleret, Thierry: *Covid-19: Der große Umbruch*, Forum Publishing, Genf 2020; auf Englisch: *Covid-19: The Great Reset*, ISBN Agentur, Schweiz 2020.

263 bilderberger-konferenzen.de.tl/Weitere-Institutionen.htm.

264 www.politik-kommunikation.de/ressorts/artikel/das-machtsystem-des-weltwirtschaftsforums-1841413001.

265 Ebd.

266 fakten-basierte-politik.de/wp-content/uploads/2020/10/COVID-19_-The-Great-Reset-Malleret-Thierry-1.pdf.

267 www.handelszeitung.ch/panorama/the-great-reset-was-steht-da-wirklich-drin.

268 Ebd.

269 Ebd.

270 Ebd.

271 Ebd.

272 Ebd.

273 Ebd.; siehe auch: Schwab, Klaus, Malleret, Thierry: *Covid-19: The Great Reset*, ISBN Agentur, Schweiz 2020, S. 88; *www.br.de/ nachrichten/deutschland-welt/faktenfuchs-die-verschwoerungstheorie-the-great-reset,SY2OK1r.*

274 »Mit **Stakeholder** (auch Anspruchsgruppen) werden alle Personen, Gruppen oder Institutionen bezeichnet, die von den Aktivitäten eines Unternehmens direkt oder indirekt betroffen sind oder die irgendein Interesse an diesen Aktivitäten haben. Die Stakeholder versuchen auf das Unternehmen Einfluss zu nehmen.« In: *www.business-wissen.de/ hb/was-sind-stakeholder-und-was-bedeutet-der-stakeholder-ansatz/.*

275 *www.handelszeitung.ch/panorama/the-great-reset-was-steht-da-wirklich-drin.*

276 Ebd.

277 Ebd.

278 Ebd.

279 Ebd.

280 Ebd.

281 *www.weforum.org/great-reset.*

282 *www.weforum.org/agenda/2020/06/now-is-the-time-for-a-great-reset/.*

283 *www.cbc.ca/news/politics/great-reset-trudeau-poilievre-otoole-pandemic-covid-1.5817973.*

284 *www.handelszeitung.ch/politik/the-great-reset-wie-das-wef-ins-zentrum-aller-verschworungstheorien-geriet.*

285 *www.euronews.com/2020/11/17/world-economic-forum-founder-says-joe-biden-will-boost-multilateralism.*

286 *www.handelszeitung.ch/politik/the-great-reset-wie-das-wef-ins-zentrum-aller-verschworungstheorien-geriet.*

287 Ebd.

288 *www.theeuropean.de/vera-lengsfeld/die-grosse-transformation-soll-die-welt-veraendern/.*

289 Siehe *phoenix live* vom 8. Juni 2021.

290 *annalena-baerbock.de/transparenz/; www.merkur.de/leben/geld/ annalena-baerbock-gehalt-gruene-politikerin-bundestagsabgeordnete-*

verdienst-zr-90469163.html; www.bundestag.de/abgeordnete/
mdb_diaeten/1334e-260800; annalena-baerbock.de/wp-content/
uploads/2021/06/CV_deutsch_2021_06.pdf.

291 *www.atlantik-bruecke.org/.*

292 Eric M. Warburgs Schwester Lola Nina Hahn-Warburg (1901–1989) war im Übrigen die Geliebte von Chaim Weizmann, dem damaligen Präsidenten der Zionistischen Weltorganisation und ersten Präsidenten des neu gegründeten Staates Israel (siehe Reinhardt, Volker, Lau, Thomas: *Deutsche Familien: historische Portraits von Bismarck bis Weizsäcker*, Verlag C. H. Beck, München 2005, S. 280).

293 *www.atlantik-bruecke.org/die-atlantik-bruecke/gremien/.*

294 *www.leo-baeck-foundation.org/projects/.*

295 Mehr zu Volker Becks ominösen Einstellung zu Pädosexuellen in meinem Buch: *Die Grünen. Zwischen Kindersex, Kriegshetze und Zwangsbeglückung*, Kopp Verlag, Rottenburg 2015, S. 200 ff.

296 *www.leo-baeck-foundation.org/trustees/.*

297 Ebd.

298 *www.europa-union.de/.*

299 *www.boell.de/de/dossier-transatlantik.*

300 *www.spiegel.de/international/europe/founder-of-german-marshall-fund-guido-goldman-retires-a-834696.html.*

301 *www.gmfus.org/about-gmf.*

302 Ebd.

303 *www.gmfus.org/profiles/cem-%C3%B6zdemir-0.*

304 *www.tagesschau.de/wirtschaft/weltwirtschaft/nord-stream2-101.html.*

305 Ebd.

306 Ebd.

307 *www.tagesschau.de/faktenfinder/ausland/george-soros-107.html.*

308 Ebd.

309 Ebd.

310 Ebd.

311 Ebd.

312 Ebd.

313 *www.esiweb.org/donors.*

314 *www.tagesschau.de/faktenfinder/ausland/george-soros-107.html.*

315 Ebd.

316 Ebd.

317 Ebd.

318 Ebd.

319 Ebd.

320 *www.instagram.com/p/Bt9HSYHHXo5/.*

321 *www.tagesschau.de/faktenfinder/baerbock-soros-101.html.*

322 Vom Soros Fund Management, einer privaten Investmentfirma, die als Hauptinvestitionsberater für eine Gruppe von Fonds dient, die zum Nutzen von Kunden der Familie Soros verwaltet werden. Siehe *www. weforum.org/organizations/soros-fund-management-llc.*

323 *securityconference.org/assets/02_Dokumente/03_Materialien/ 200320_MSC2020_ListofAttendees.pdf.*

324 *www.wochenblick.at/droht-gruene-kanzlerin-aus-kaderschmiede-von-great-reset-schwab/.*

325 *report24.news/baerbock-soll-kanzlerin-werden-gut-vernetzt-mit-soros-und-schwab/.*

326 *www.spiegel.de/politik/deutschland/parteispende-fuer-die-gruenen-die-eine-million-euro-frage-a-0eb2c7d3-15a9-449a-a1b9-ec95a6701ac0.*

327 Ebd.

328 Ebd.

329 Ebd.

330 *Der Spiegel,* 17/2021, S. 24, beziffert die Spende auf 565 000 Euro.

331 *www.spiegel.de/politik/deutschland/parteispende-fuer-die-gruenen-die-eine-million-euro-frage-a-0eb2c7d3-15a9-449a-a1b9-ec95a6701ac0*; auf der Seite *guerrillafoundation.org/* beschreibt sich die Guerilla Foundation selbst folgendermaßen: »Getreu unserem Namen hilft die Guerilla Foundation Aktivisten und Basisbewegungen, Widerstandsnester aufzubauen, die zu größeren gesellschaftlichen Veränderungen hin zu einer lebendigen Kreislaufwirtschaft mit einer

zutiefst demokratischen Gesellschaft beitragen, die soziales und ökologisches Wohlergehen priorisiert.«

332 *www.neues-deutschland.de/artikel/1148457.antonis-schwarz-gruener-geldhahn.html.*

333 Dazu ausführlich in meinem Buch: *Kommt die Klima-Diktatur? Eine faktenreiche Analyse des grünen Klimawahns,* Kopp Verlag, Rottenburg 2020.

334 *www.neues-deutschland.de/artikel/1148450.die-gruene-wahlkampf-mit-gruenem-siegel.html.*

335 *Der Spiegel,* 17/2021, S. 24.

336 *www.spiegel.de/politik/deutschland/parteispende-fuer-die-gruenen-die-eine-million-euro-frage-a-0eb2c7d3-15a9-449a-a1b9-ec95a6701ac0.*

337 Das will *Der Spiegel* wissen: 17/2021, S. 24.

338 *www.spiegel.de/politik/deutschland/parteispende-fuer-die-gruenen-die-eine-million-euro-frage-a-0eb2c7d3-15a9-449a-a1b9-ec95a6701ac0.*

339 *www.spiegel.de/politik/deutschland/parteispende-fuer-die-gruenen-die-eine-million-euro-frage-a-0eb2c7d3-15a9-449a-a1b9-ec95a6701ac0.*

340 Grandt, Michael: *Die Grünen. Zwischen Kindersex, Kriegshetze und Zwangsbeglückung,* Kopp Verlag, Rottenburg 2015.

341 *www.spiegel.de/politik/deutschland/parteispende-fuer-die-gruenen-die-eine-million-euro-frage-a-0eb2c7d3-15a9-449a-a1b9-ec95a6701ac0.*

342 Ebd.

343 Siehe *Der Spiegel,* 17/2021, S. 24.

344 *www.bild.de/politik/inland/politik-inland/wer-haette-das-gedacht-die-gruenen-sammeln-die-meisten-grossspenden-76833206.bild.html.*

345 Siehe *Der Spiegel,* 17/2021, S. 16.

346 *www.politik-kommunikation.de/ressorts/artikel/das-machtsystem-der-gruenen-doppelspitze-1827518997.*

347 *www.oliver-krischer.eu/persoenlich-politisches/.*

348 *www.oliver-krischer.eu/persoenlich-politisches/biographie/.*

349 *www.abgeordnetenwatch.de/profile/oliver-krischer/fragen-antworten/564829.*

350 *www.abgeordnetenwatch.de/abstimmungen/verlaengerung-des-bundeswehreinsatzes-in-mali-minusma-2021/2022.*

351 *www.abgeordnetenwatch.de/abstimmungen/verlaengerung-des-bundeswehreinsatzes-in-mali-minusma-2021/2022.*

352 *www.abgeordnetenwatch.de/profile/britta-hasselmann/fragen-antworten/556525.*

353 *www.abgeordnetenwatch.de/profile/britta-hasselmann/fragen-antworten/569165.*

354 Stand 21. Juni 2021.

355 *www.agnieszka-brugger.de/hauptmenue/themen/abruestung-und-ruestungsexporte/drohnen/.*

356 *www.agnieszka-brugger.de/hauptmenue/themen/frieden-und-sicherheit/.*

357 *katharina-droege.de/biografie.*

358 *www.politik-kommunikation.de/ressorts/artikel/das-machtsystem-der-gruenen-doppelspitze-1827518997.*

359 *katharina-droege.de/themen/wirtschafts-und-konjunkturpolitik.*

360 *www.politik-kommunikation.de/ressorts/artikel/das-machtsystem-der-gruenen-doppelspitze-1827518997.*

361 *www.kearney.com/web/world-economic-forum/events/world-economic-forum-annual-meeting-2020.*

362 *www.politik-kommunikation.de/ressorts/artikel/das-machtsystem-der-gruenen-doppelspitze-1827518997.*

363 *Der Spiegel*, 17/2021, S. 16.

364 Habeck, Robert: *Patriotismus – Ein linkes Plädoyer*, Gütersloher Verlagshaus, Gütersloh 2010; *www.tagesspiegel.de/politik/robert-habeck-der-ritt-auf-der-gruenen-welle/24215458.html.*

365 In: *Die Süddeutsche*; WAZ; *Stern.*

366 *Maybritt Illner*, ZDF, Sendung vom 6. Juni 2019.

367 *Maybritt Illner*, ZDF, Sendung vom 13. Juni 2019.

368 *headtopics.com/de/tv-experte-lobt-grunen-chef-habeck-germany-s-next-kennedy-6301586.*

369 *Der Spiegel*, 25/2019, Cover.

370 *Der Spiegel*, 23/2019, S. 10.

371 *Der Spiegel*, 22/2019, S. 34 ff.

372 *www.bild.de/politik/inland/politik-inland/fdp-chef-lindner-gruenen-chef-habeck-will-fleischloses-deutschland-62273100.bild.html.*

373 *Berlin Direkt*, ZDF, Sommerinterview vom 21. Juli 2019.

374 Ebd.

375 Ebd.

376 *www.deutschlandfunk.de/habecks-abschied-aus-kiel-danksagungen-und-eine.1773.de.html?dram:article_id=426681.*

377 Ebd.

378 Ebd.

379 Ebd.

380 *www.merkur.de/politik/ska-keller-gruene-als-eu-parlamentspraesidentin-ehemann-familie-und-privates-zr-12310284.html#:~:text=Ska%20Keller%20ist%20zwar%20verheiratet%20-%20ihr%20Ehemann,gelebt.%20Mit%20Drake%20wohnt%20sie%20nun%20in%20Br%C3%BCssel.*

381 Ebd.

382 *www.zeit.de/2017/10/ska-keller-gruene-eu-parlament-heimat-guben/seite-2.*

383 *correctiv.org/faktencheck/europa/2019/05/25/nein-diese-fotos-belegen-nicht-dass-ska-keller-mitglied-der-terrororganisation-antifa-ist/.*

384 Beim Foto mit der Antifa-Flagge handelt es sich um ein echtes Foto des dpa-Fotografen Patrick Seeger, wie *correctiv.org* über eine Suche in der dpa-Bilderdatenbank Picture Alliance verifizieren konnte; *correctiv.org/faktencheck/europa/2019/05/25/nein-diese-fotos-belegen-nicht-dass-ska-keller-mitglied-der-terrororganisation-antifa-ist/.*

385 *www.welt.de/politik/ausland/article197554513/Gruene-im-EU-Parlament-Im-Bund-mit-Antifa-und-Nationalisten.html.*

386 *www.spiegel.de/politik/ausland/donald-trump-erwaegt-antifa-als-terrororganisation-einzustufen-a-1279359.html.*

387 Civey-Umfragen von Februar bis Mai 2021. In: *Der Spiegel*, 22/2021, S. 13.

388 Wer übernimmt die Kanzlerinnen-Kandidatur? *twitter.com/ Die_Gruenen/status/1384069333551173635; twitter.com/i/ broadcasts/1rmxPzNkXrnGN; www.spiegel.de/politik/deutschland/ annalena-baerbock-wird-erste-kanzlerkandidatin-der-gruenen-a-2768527b-43de-4719-91c4-4e9217f9746b.*

389 Ebd.

390 Ebd.

391 Ebd.

392 Ebd.

393 Ebd.

394 Lt. Angaben der Bundesnetzagentur und des Verbands der Automobilindustrie (VDA). In: *Der Spiegel*, 25/2021, S. 57.

395 *www.tichyseinblick.de/meinungen/baerbock-oekodiktatur-wie-man-einen-staat-und-seine-buerger-ruiniert/; taz.de/Annalena-Baerbock-ueber-Kanzlerinnenamt/!5734264/.*

396 *www.gruene.de/artikel/kapitel-1-lebensgrundlagen-schuetzen.*

397 *www.spiegel.de/politik/deutschland/annalena-baerbock-eu-strategen-raetseln-ueber-gruenen-kanzlerkandidatin-a-2a1d5f2c-02d1-4df3-87c5-d2d827dcc444.*

398 *taz.de/Annalena-Baerbock-ueber-Kanzlerinnenamt/!5734264/.*

399 *www.gruene.de/artikel/kapitel-1-lebensgrundlagen-schuetzen.*

400 *taz.de/Annalena-Baerbock-ueber-Kanzlerinnenamt/!5734264/.*

401 Ebd.

402 *www.bild.de/politik/inland/politik-inland/baerbock-bei-die-richtigen-fragen-ich-grille-sehr-gerne-76571290.bild.html.*

403 Nach einer Civey-Umfrage Mitte Juni 2021: Civey-Umfragen von Februar bis Mai 2021, in: *Der Spiegel*, 22/2021, S. 13. Siehe auch *Der Spiegel*, 24/2021, S. 14.

404 *taz.de/Annalena-Baerbock-ueber-Kanzlerinnenamt/!5734264/.*

405 Ebd.

406 *www.zeit.de/politik/deutschland/2019-12/annalena-baerbock-gruene-klimaschutz-energiewende-grosse-koalition/komplettansicht; www.haz.*

de/Nachrichten/Politik/Deutschland-Welt/Baerbock-im-ARD-
Sommerinterview-Klima-und-Wirtschaft-kein-Gegensatz.

407 Ebd.

408 *www.deutschlandfunk.de/baerbock-gruene-ueber-klimaneutralitaet-*
eine-umstellung-des.694.de.html?dram:article_id=496067.

409 Ebd.

410 Ebd.

411 Ausführlich dazu in meinem Buch: *Kommt die Klima-Diktatur?*
Eine faktenreiche Analyse des grünen Klimawahns,
Kopp Verlag, Rottenburg 2020.

412 *www.rbb-online.de/kontraste/archiv/kontraste-vom-21-03-2019/*
gruene-vielflieger.html. Diese Seite hatte ich für mein Buch *Kommt die*
Klima-Diktatur? Eine faktenreiche Analyse des grünen Klimawahns
(Kopp Verlag, Rottenburg 2020) abgerufen und damals überprüft. Sie
existiert jetzt offensichtlich nicht mehr. Viele TV-Sender löschen ihre
Beiträge nach einer bestimmten Zeit.

413 Ebd.

414 Ebd.

415 Ebd.

416 Screenshot Tweet (Archiv Grandt).

417 Alle Zitate auf: *www.rbb-online.de/kontraste/archiv/kontraste-*
vom-21-03-2019/gruene-vielflieger.html.
Zum aktuellen Stand siehe Fußnote 412.

418 *www.bild.de/bild-plus/politik/inland/politik-inland/17-tonnen-ausstoss-*
gruene-roth-fliegt-41-000-km-um-das-klima-zu-retten-
61219364,view=conversionToLogin.bild.html.

419 *www.bild.de/regional/berlin/berlin-aktuell/morddrohungen-gegen-*
berliner-gruenen-politiker-nach-moehren-spruch-62896500.bild.html.

420 Ebd.

421 *www.rbb-online.de/kontraste/archiv/kontraste-vom-21-03-2019/gruene-*
vielflieger.html. Zum aktuellen Stand siehe Fußnote 412 und 417.

422 Ebd.

423 *www.spiegel.de/wirtschaft/unternehmen/gruenen-waehler-halten-rekord-bei-flugreisen-a-1002376.html.*

424 Ebd.

425 Ebd.

426 *www.focus.de/politik/deutschland/harsche-kritik-aus-bayern-df_id_10944480.html*; mehr zu Katharina Schulze in meinem Buch *Kommt die Klima-Diktatur? Eine faktenreiche Analyse des grünen Klimawahns*, Kopp Verlag, Rottenburg 2020.

427 »Verfassungsrichter zwingen Regierung zu mehr Klimaschutz« in: *Die Welt* vom 30. April 2021, S. 1.

428 Ebd.

429 Ebd.

430 *www.tichyseinblick.de/meinungen/baerbock-oekodiktatur-wie-man-einen-staat-und-seine-buerger-ruiniert/.*

431 Ebd.

432 *www.boell.de/sites/default/files/2020-12/A%20Societal%20Transformation%20Scenario%20for%20Staying%20Below%201.5C.pdf?dimension1=division_iup.*

433 *www.boell.de/de/2020/12/09/societal-transformation-scenario-staying-below-15degc.*

434 *www.boell.de/sites/default/files/2020-12/A%20Societal%20Transformation%20Scenario%20for%20Staying%20Below%201.5C.pdf?dimension1=division_iup*, S. 12.

435 Siehe Reichel, Werner: »Grüne Weltrettung: Vorwärts in die Vergangenheit!« in: *Kopp-Exklusiv* 20/21, S. 4.

436 *www.boell.de/sites/default/files/2020-12/A%20Societal%20Transformation%20Scenario%20for%20Staying%20Below%201.5C.pdf?dimension1=division_iup*, S. 9.

437 Baerbock, Annalena: *Jetzt: Wie wir unser Land erneuern*, Ullstein, Berlin 2021, S. 188 ff.

438 Ebd.

439 Baerbock, Annalena: *Jetzt: Wie wir unser Land erneuern*, Ullstein, Berlin 2021, S. 47.

440 *www.lvz.de/Nachrichten/Politik/Gruenen-Chefin-Baerbock-fordert-Wende-in-EU-Fluechtlingspolitik.*

441 *www.rnd.de/politik/fluchtlinge-in-griechenland-baerbock-will-5000-menschen-in-deutschland-aufnehmen-XKBAJQH5TRU53RH3YELPYLRFCI.html*; *www.zeit.de/politik/deutschland/2020-03/annalena-baerbock-fluechtlingspolitik-tuerkei-griechenland-gruene*; *www.welt.de/politik/deutschland/article215336450/Brand-auf-Lesbos-Deutschland-muss-handeln-fordert-Baerbock.html.*

442 *cms.gruene.de/uploads/documents/2021_Wahlprogrammentwurf.pdf*, S. 98.

443 Ebd., S. 98 f.

444 Ebd., S. 98.

445 *kopp-report.de/auslaenderpolitik-der-gruenen-birgt-sprengstoff-die-radikale-abschaffung-deutschlands-teil-1/?cn-reloaded=1.*

446 Ebd.

447 Ebd.

448 *cms.gruene.de/uploads/documents/2021_Wahlprogrammentwurf.pdf*, S. 98.

449 *kopp-report.de/auslaenderpolitik-der-gruenen-birgt-sprengstoff-die-radikale-abschaffung-deutschlands-teil-1/?cn-reloaded=1.*

450 *cms.gruene.de/uploads/documents/2021_Wahlprogrammentwurf.pdf*, S. 98.

451 *kopp-report.de/auslaenderpolitik-der-gruenen-birgt-sprengstoff-die-radikale-abschaffung-deutschlands-teil-1/?cn-reloaded=1.*

452 *cms.gruene.de/uploads/documents/2021_Wahlprogrammentwurf.pdf*, S. 98.

453 Ebd., S. 126; siehe auch S. 98 ff. und 125 ff.

454 Ebd.

455 Ebd.

456 *kopp-report.de/auslaenderpolitik-der-gruenen-birgt-sprengstoff-die-radikale-abschaffung-deutschlands-teil-2/.*

457 *cms.gruene.de/uploads/documents/2021_Wahlprogrammentwurf.pdf*, S. 126.

458 Ebd., S. 126 f.

459 *kopp-report.de/auslaenderpolitik-der-gruenen-birgt-sprengstoff-die-radikale-abschaffung-deutschlands-teil-2/*.

460 Ebd., S. 127.

461 *kopp-report.de/auslaenderpolitik-der-gruenen-birgt-sprengstoff-die-radikale-abschaffung-deutschlands-teil-2/*.

462 *cms.gruene.de/uploads/documents/2021_Wahlprogrammentwurf.pdf*, S. 127.

463 *kopp-report.de/auslaenderpolitik-der-gruenen-birgt-sprengstoff-die-radikale-abschaffung-deutschlands-teil-2/*.

464 Baerbock, Annalena: *Jetzt: Wie wir unser Land erneuern*, Ullstein, Berlin 2021, S. 63.

465 *cms.gruene.de/uploads/documents/2021_Wahlprogrammentwurf.pdf*, S. 98.

466 Ebd., S. 99.

467 *kopp-report.de/auslaenderpolitik-der-gruenen-birgt-sprengstoff-die-radikale-abschaffung-deutschlands-teil-3/*.

468 »Unterschiedsloser Zugang zu Wohnraum, Gesundheits- und Sozialleistungen« wird das im Wahlprogrammentwurf auf S. 99 genannt.

469 *kopp-report.de/auslaenderpolitik-der-gruenen-birgt-sprengstoff-die-radikale-abschaffung-deutschlands-teil-3/*.

470 *cms.gruene.de/uploads/documents/2021_Wahlprogrammentwurf.pdf*, S. 126

471 Ebd., S. 99.

472 *kopp-report.de/auslaenderpolitik-der-gruenen-birgt-sprengstoff-die-radikale-abschaffung-deutschlands-teil-3/*.

473 Ebd.

474 *cms.gruene.de/uploads/documents/2021_Wahlprogrammentwurf.pdf*, S. 102 f.

475 Ebd., S. 100.

476 *www.spiegel.de/politik/deutschland/annalena-baerbock-eu-strategen-raetseln-ueber-gruenen-kanzlerkandidatin-a-2a1d5f2c-02d1-4df3-87c5-d2d827dcc444*, S. 102 f.

477 *www.bild.de/politik/inland/politik-inland/annalena-baerbock-schreibt-ihr-erstes-buch-das-steht-drin-76746220.bild.html.*

478 Baerbock, Annalena: *Jetzt: Wie wir unser Land erneuern*, Ullstein, Berlin 2021, S. 172.

479 *www.bild.de/politik/inland/politik-inland/annalena-baerbock-schreibt-ihr-erstes-buch-das-steht-drin-76746220.bild.html.*

480 Baerbock, Annalena: *Jetzt: Wie wir unser Land erneuern*, Ullstein, Berlin 2021, S. 173.

481 *www.bild.de/politik/inland/politik-inland/annalena-baerbock-schreibt-ihr-erstes-buch-das-steht-drin-76746220.bild.html.*

482 Ebd.

483 *Der Spiegel*, 22/2021, S. 16.

484 *www.tagesspiegel.de/politik/gruenen-chefin-fuer-europaeische-verteidigungspolitik-baerbock-will-die-bundeswehr-staerken/26670854.html.*

485 Ebd.

486 Ebd.; ebenso *www.tagesspiegel.de/politik/gruenen-chefin-fuer-europaeische-verteidigungspolitik-baerbock-will-die-bundeswehr-staerken/26670854.html.*

487 *www.spiegel.de/politik/deutschland/annalena-baerbock-eu-strategen-raetseln-ueber-gruenen-kanzlerkandidatin-a-2a1d5f2c-02d1-4df3-87c5-d2d827dcc444.*

488 *www.rnd.de/politik/baerbock-gegen-nord-stream-2-grunen-kanzlerkandidatin-will-druck-auf-russland-erhohen-SRYGKGGRZYT5G6MOQMXQJN7D3Y.html.*

489 *www.spiegel.de/politik/deutschland/gruenen-chefin-annalena-baerbock-plaediert-fuer-harten-kurs-gegenueber-russland-und-china-a-494e7e8b-8126-4adc-a7b5-8480d8ebe864.*

490 *www.bild.de/politik/inland/politik-inland/putins-gruenes-grausen-kreml-kampagne-gegen-baerbock-76360304.bild.html.*

491 Ebd.

492 Ebd.

493 Ebd.

494 *Der Spiegel*, 22/2021, S. 13.

495 Ebd.

496 Ebd.

497 Ebd.

498 Ebd.

499 *www.bild.de/politik/inland/politik-inland/nach-habeck-aeusserung-waffenzoff-bei-den-gruenen-76521526.bild.html.*

500 *Der Spiegel*, 22/2021, S. 13.

501 *www.bild.de/politik/inland/politik-inland/putins-gruenes-grausen-kreml-kampagne-gegen-baerbock-76360304.bild.html.*

502 Ebd.

503 *www.bild.de/politik/inland/politik-inland/baerbock-bei-die-richtigen-fragen-ich-grille-sehr-gerne-76571290.bild.html.*

504 Ebd.; siehe auch *www.bild.de/politik/inland/politik-inland/putins-gruenes-grausen-kreml-kampagne-gegen-baerbock-76360304.bild.html.*

505 Ebd.

506 Ebd.

507 *de.rt.com/meinung/116402-annalena-baerbock-harte-und-dialog/.*

508 *de.rt.com/meinung/116278-nach-rechts-gerutscht-grunes-wahlprogramm/.*

509 *www.spiegel.de/politik/deutschland/gruenen-chefin-annalena-baerbock-plaediert-fuer-harten-kurs-gegenueber-russland-und-china-a-494e7e8b-8126-4adc-a7b5-8480d8ebe864.*

510 *www.spiegel.de/politik/deutschland/annalena-baerbock-fordert-klimapartnerschaft-zwischen-eu-und-usa-a-7e4effda-0c6e-4511-ba73-3b9f291afc0f.*

511 *www.spiegel.de/politik/deutschland/annalena-baerbock-eu-strategen-raetseln-ueber-gruenen-kanzlerkandidatin-a-2a1d5f2c-02d1-4df3-87c5-d2d827dcc444.*

512 Edenhofer, Ottmar, Klimaökonom am Potsdam-Institut für Klimaforschung, in: *Der Spiegel*, 24/2021, S. 20.

513 Ebd.

514 *www.spiegel.de/politik/deutschland/annalena-baerbock-eu-strategen-raetseln-ueber-gruenen-kanzlerkandidatin-a-2a1d5f2c-02d1-4df3-87c5-d2d827dcc444.*

515 Ähnlich sieht es auch *Der Spiegel*, 21/2021, S. 27.

516 *Der Spiegel*, 21/2021, S. 26.

517 Ebd.

518 Ebd.

519 Ebd. S. 27.

520 Ebd.

521 Baerbock, Annalena: *Jetzt: Wie wir unser Land erneuern*, Ullstein, Berlin 2021, S. 221 ff.

522 *Der Spiegel*, 21/2021, S. 27.

523 Ebd., S. 28; siehe auch: Grandt, Michael: *Die Grünen. Zwischen Kindersex, Kriegshetze und Zwangsbeglückung*, Kopp Verlag, Rottenburg 2015.

524 *Der Spiegel*, 21/2021, S. 27.

525 Ebd.

526 Ebd., S. 28.

527 Ebd.

528 *www.stimme.de/deutschland-welt/politik/dw/Sozial-und-oekologisch-Gruene-wollen-Wohlstand-neu-definieren;art295,4273013.*

529 Ebd.

530 Ebd.

531 Ebd.

532 Ebd.

533 Grandt, Michael: *Kommt die Klima-Diktatur? Eine faktenreiche Analyse des grünen Klimawahns*, Kopp Verlag, Rottenburg 2012.

534 *www.deutschlandfunk.de/nach-bundesparteitag-der-gruenen-wir-wollen-verantwortung.694.de.html?dram:article_id=487968;*

ebenso Baerbock, Annalena: *Jetzt: Wie wir unser Land erneuern*, Ullstein, Berlin 2021, S. 157.

535 *www.spiegel.de/politik/deutschland/annalena-baerbock-eu-strategen-raetseln-ueber-gruenen-kanzlerkandidatin-a-2a1d5f2c-02d1-4df3-87c5-d2d827dcc444.*

536 Siehe dazu: *www.tichyseinblick.de/daili-es-sentials/annalena-baerbocks-absage-an-marktwirtschaft-und-deutschland/.*

537 Am 12. Dezember 2015 beschlossen 194 Staaten das Pariser Klimaabkommen. Ziel: Die Erderhitzung bis 2100 deutlich unter 2, möglichst aber sogar unter 1,5 Grad Celsius zu halten, sowie 100 Milliarden Dollar Klimahilfen pro Jahr für arme Länder und eine klimaneutrale Weltwirtschaft in der zweiten Hälfte des Jahrhunderts vorzusehen.

538 *taz.de/Annalena-Baerbock-ueber-Kanzlerinnenamt/!5734264/.*

539 Ebd.

540 Ebd.

541 Ebd.

542 *Der Spiegel*, 22/2021, S. 15.

543 *taz.de/Annalena-Baerbock-ueber-Kanzlerinnenamt/!5734264/.*

544 Ebd.

545 Ebd.

546 *www.tichyseinblick.de/daili-es-sentials/annalena-baerbocks-absage-an-marktwirtschaft-und-deutschland/.*

547 Ebd.

548 Ebd.

549 Auf dem Parteitag der Grünen am 12. Juni 2021 *(phoenix live)*; siehe auch *www.bild.de/politik/inland/politik/trotz-traumergebnis-beim-parteitag-was-fand-baerbock-an-ihrer-rede-scheisse-76719848.bild.html.*

550 Ebd.

551 Ebd.

552 *Der Spiegel*, 20/2021, S. 22.

553 Ebd.

554 Ebd., S. 24.

555 Ebd.

556 Ebd.

557 Antrag auf dem Parteitag der Grünen am 12. Juni 2021 (Phoenix).

558 *Der Spiegel,* 24/2021, S. 12.

559 *Der Spiegel,* 22/2021, S. 14.

560 *www.deutschlandfunk.de/debatte-ueber-einfamilienhaeuser-die-gruenen-und-der.2897.de.html?dram:article_id=492715.*

561 Ebd.

562 Ebd.

563 *Der Spiegel,* 22/2021, S. 15.

564 *www.deutschlandfunk.de/debatte-ueber-einfamilienhaeuser-die-gruenen-und-der.2897.de.html?dram:article_id=492715.*

565 Ebd.

566 Ebd.

567 Ebd.

568 Grandt, Michael: *Vorsicht Enteignung! Der Griff nach Ihrem Vermögen,* Kopp Verlag, Rottenburg 2020.

569 *Der Spiegel,* 22/2021, S. 14.

570 Ebd., S. 16.

571 Ebd.

572 Ebd., S. 17.

573 Ebd.

574 Ebd.

575 Ebd.

576 Ebd.

577 *mainzund.de/entgelte-frankfurter-flughafen-genehmigt-kein-rabatt-fuer-neue-fluglinien-ryanair-profitiert-durch-hintertuer/;* siehe auch *www.zeit.de/zustimmung?url=https%3A%2F%2Fwww.zeit.de%2Fwirtschaft%2Funternehmen%2F2016-11%2Fflughafen-frankfurt-ryanair-billigflieger-fraport-fluggesellschaften-kritik.*

578 Ebd.

579 Ebd.

580 Ebd.

581 Ebd.

582 Ebd.

583 *Der Spiegel,* 22/2021, S. 17.

584 Grandt, Michael: *Kommt die Klima-Diktatur? Eine faktenreiche Analyse des grünen Klimawahns,* Kopp Verlag, Rottenburg 2020.

585 *Der Spiegel,* 22/2021, S. 17.

586 Grandt, Michael: *Die Grünen. Zwischen Kindersex, Kriegshetze und Zwangsbeglückung,* Kopp Verlag, Rottenburg 2015.

587 *Der Spiegel,* 22/2021, S. 16.

588 Ebd.

589 *Der Spiegel,* 39/2013; *www.spiegel.de/spiegel/print/d-113750868.html.*

590 *Der Spiegel,* 23/2019, S. 14.

591 *www.spiegel.de/wissenschaft/natur/klimawandel-greenpeace-und-anton-hofreiter-zu-ipcc-sonderbericht-a-1232041.html.*

592 *Maybritt Illner,* ZDF, vom 7. Juni 2019.

593 Siehe Douglas, Holger: »Krude Rezepte aus der Klimaküche« in: *Tichys Einblick,* 08/19, S. 23 ff.

594 Ebd.

595 *www.tichyseinblick.de/meinungen/baerbock-oekodiktatur-wie-man-einen-staat-und-seine-buerger-ruiniert/.*

596 Habeck, Robert: *Wer wir sein könnten. Warum unsere Demokratie eine offene und vielfältige Sprache braucht,* Kiepenheuer & Witsch, Köln 2018, S. 30.

597 Orwell, George: *1984,* Ullstein, München 2002 (Sonderausgabe).

598 Ebd., S. 270.

599 Ebd., S. 76.

600 Ebd., S. 78.

601 *Der Spiegel,* 22/2019, S. 10.

602 *Tichys Einblick,* 07/19, S. 14.

603 Siehe Habeck, Robert: *Wer wir sein könnten. Warum unsere Demokratie eine offene und vielfältige Sprache braucht*, Kiepenheuer & Witsch, Köln 2018.

604 Ebd., S. 17 ff.

605 Ebd., S. 33 ff.

606 Ebd., S. 109 ff.

607 Matussek, Matthias: »Der mit dem Wolf tanzt« in: *Tichys Einblick*, 09/19, S. 36.

608 Ebd.

609 *Der Spiegel*, 22/2019, S. 10.

610 Zum Beispiel in der Sendung *Maybritt Illner*, ZDF, vom 6. Juni 2019.

611 Wie selbst der saarländische Ministerpräsident Tobias Hans in der Sendung *Maybritt Illner*, ZDF, vom 13. Juni 2019 zugab.

612 *Der Spiegel*, 29/2019, S. 17.

613 Siehe das Kapitel »Wir rücken Feminismus, Queerpolitik und Geschlechtergerechtigkeit in den Fokus« im Wahlprogrammentwurf der Grünen in: *www.gruene.de/artikel/wahlprogramm-zur-bundestagswahl-2021*.

614 *www.focus.de/politik/deutschland/bundestagswahl/gruene-sprach-politik-angst-vor-der-genderpolizei-nun-kommen-baerbocks-verbraucher-innenschuetzer-innen_id_13333583.html*.

615 *https://cms.gruene.de/uploads/documents/Wahlprogramm_DIE_GRUENEN_Bundestagswahl_2021.pdf*, S. 79.

616 *www.spiegel.de/politik/deutschland/winfried-kretschmann-ist-gegen-vorschriften-fuer-geschlechtergerechte-sprache-a-dc28aa3e-3303-44a9-9b2c-995e7b89b311*.

617 *www.bild.de/politik/inland/politik-inland/allensbach-immer-mehr-deutsche-haben-sorge-offen-zu-sagen-was-sie-denken-wir-las-76782660.bild.html*.

618 Ebd.

619 *www.focus.de/politik/deutschland/bundestagswahl/gruene-sprach-politik-angst-vor-der-genderpolizei-nun-kommen-baerbocks-verbraucher-innenschuetzer-innen_id_13333583.html*.

620 Ebd.

621 *www.hamburg.de/bwfgb/antidiskriminierung-und-lsbtiq/.*

622 *www.focus.de/politik/deutschland/bundestagswahl/gruene-sprach-politik-angst-vor-der-genderpolizei-nun-kommen-baerbocks-verbraucher-innenschuetzer-innen_id_13333583.html.*

623 Ebd.

624 *www.bild.de/politik/2021/politik/woke-wahnsinn-wie-aktivisten-bestimmen-was-wir-noch-sagen-duerfen-76753802.bild.html.*

625 Ebd.

626 *www.bild.de/politik/inland/politik/gender-gaga-bei-den-tagesthemen-leute-sollen-jetzt-mit-ens-gendern-76705006.bild.html.*

627 *www.bild.de/politik/2021/politik/woke-wahnsinn-wie-aktivisten-bestimmen-was-wir-noch-sagen-duerfen-76753802.bild.html.*

628 Ebd.

629 Ebd.

630 Ebd.

631 Ebd.

632 Ebd.

633 *www.bild.de/geld/wirtschaft/wirtschaft/bahlsen-schokowaffel-afrika-nach-rassismus-debatte-umbenannt-76776118.bild.html.*

634 *www.rnd.de/panorama/kein-rassismus-in-markennamen-bahlsen-waffel-afrika-heisst-jetzt-perpetum-EZZBDUP3OVH7TLBH3XCZMMWFHI.html.*

635 *www.bild.de/politik/inland/politik-inland/allensbach-immer-mehr-deutsche-haben-sorgeoffen-zu-sagen-was-sie-denken-wir-las-76782660.bild.html.*

636 Ebd.

637 Ebd.

638 Ebd.

639 Ebd.

640 Ebd.

641 *www.bild.de/politik/2021/politik/woke-wahnsinn-wie-aktivisten-bestimmen-was-wir-noch-sagen-duerfen-76753802.bild.html.*

642 Ebd.

643 Ebd.

644 *www.bild.de/politik/2021/politik/auswaertiges-amt-soll-woke-werden-76737538.bild.html.*

645 Ebd.

646 Ebd.

647 *www.focus.de/politik/deutschland/bundestagswahl/gastbeitrag-von-gabor-steingart-fuenf-gruende-warum-der-machtkampf-ums-kanzleramt-dieses-jahr-ausfaellt_id_13359190.html.*

648 *Tichys Einblick,* 6/21, S. 29.

649 Ebd.

650 »Reaktiv«: »Handeln erst/nur auf Anstoß von außen, aufgrund von Fehlern, Mängeln, Forderungen, im Gegensatz zu aktivem oder proaktivem Handeln«, siehe *Online-Verwaltungslexikon,* Version 1.23r; *olev.de/r/reaktiv_usw.htm.*

651 *cms.gruene.de/uploads/documents/2021_Wahlprogrammentwurf.pdf,* S.6.

652 *Tichys Einblick,* 6/21, S. 30.

653 *Markus Lanz,* ZDF, Sendung vom 27. Juni 2019.

654 *Maybritt Illner,* ZDF, Sendung vom 6. Juni 2019.

655 Siehe *ADAC Motorwelt* vom Mai 2021.

656 *www.bild.de/geld/wirtschaft/wirtschaft/kostet-benzin-bald-2-euro-pro-liter-spritpreis-schock-76595006.bild.html.*

657 *Markus Lanz,* ZDF, Sendung vom 27. Juni 2019.

658 Bei einer Wahlveranstaltung in Magdeburg, Anfang Juni 2021.

659 *www.bild.de/geld/wirtschaft/wirtschaft/kostet-benzin-bald-2-euro-pro-liter-spritpreis-schock-76595006.bild.html.*

660 *www.welt.de/politik/deutschland/article189620623/Berliner-Verkehrssenatorin-Wir-wollen-dass-die-Menschen-ihr-Auto-abschaffen.html.*

661 *www.bild.de/geld/wirtschaft/wirtschaft/kostet-benzin-bald-2-euro-pro-liter-spritpreis-schock-76595006.bild.html.*

662 Ebd.

663 Ebd.

664 Ebd.

665 Im Content wurden Klarnamen genannt, ich kürze diese jedoch aus jur. Gründen ab.

666 *www.bild.de/geld/wirtschaft/wirtschaft/kostet-benzin-bald-2-euro-pro-liter-spritpreis-schock-76595006.bild.html.*

667 Ebd.

668 Ebd.

669 Ebd.

670 Ebd.

671 Ebd.

672 Ebd.

673 *www.handelsblatt.com/politik/deutschland/handelsblatt-umfrage-annalena-baerbock-und-robert-habeck-ueberzeugen-die-juengere-generation/27245840.html?ticket=ST-7995725-NEJB5LvZNcGVZl40Agpu-ap2.*

674 *Markus Lanz*, ZDF, Sendung vom 27. Juni 2019.

675 *Der Spiegel*, 24/2021, S. 16.

676 *meta.tagesschau.de/id/145857/neues-ruetteln-am-ehegattensplitting.*

677 *Der Spiegel*, 20/2020, S. 37.

678 Ebd.

679 *cms.gruene.de/uploads/documents/2021_Wahlprogrammentwurf.pdf*, S. 13.

680 Ebd.

681 Ebd., S. 14.

682 Ebd., S. 20.

683 Ebd., S. 45 f.

684 Ebd., S. 48 f.

685 Baerbock, Annalena: *Jetzt: Wie wir unser Land erneuern*, Ullstein, Berlin 2021, S. 41.

686 *cms.gruene.de/uploads/documents/2021_Wahlprogrammentwurf.pdf*, S. 49.

687 Baerbock, Annalena: *Jetzt: Wie wir unser Land erneuern,* Ullstein, Berlin 2021, Berlin 2021, S. 34.

688 Ebd., S. 81.

689 Ebd., S. 98.

690 Ebd., S. 101.

691 Ebd., S. 96.

692 Ebd., S. 108.

693 Ebd., S. 190.

694 *www.tichyseinblick.de/meinungen/gretas-milliardaere-millionen-fuer-den-klimaaufstand/.*

695 *www.acamedia.info/sciences/sciliterature/globalw/reference/wbgu/wbgu_jg2011-zusammenfassung.html.*

696 *www.boell.de/de/einleitung-radikaler-realismus?dimension1=ds_radicalrealism.*

697 In der Sendung »Republik im Umbruch. Alte Rezepte, junger Protest« auf Phoenix vom 4. Juli 2019.

698 IPCC Special Report »Global Warming of 1.5 °C« auf: *www.ipcc.ch/sr15/.*

699 Fischer, Joschka: *Der Umbau der Industriegesellschaft – Plädoyer wider die herrschende Umweltlüge,* Eichborn, Frankfurt/M., 1989 (1997), S. 81 f.

700 Foto-Faksimile (Archiv Grandt).

701 Vgl. *Der Spiegel,* 19/2021, S. 35 f.

702 *norberthaering.de/die-regenten-der-welt/identitaetsoekosystem/.*

703 *www.bundesfinanzministerium.de/Content/DE/Standardartikel/Themen/Europa/DARP/2-09-moderne-oeffentliche-verwaltung.pdf?__blob=publicationFile&v=5.*

704 *norberthaering.de/die-regenten-der-welt/identitaetsoekosystem/;* siehe ebenso *www.bundesfinanzministerium.de/Content/DE/Standardartikel/Themen/Europa/DARP/2-09-moderne-oeffentliche-verwaltung.pdf?__blob=publicationFile&v=5.*

705 *norberthaering.de/die-regenten-der-welt/identitaetsoekosystem/.*

706 Ebd.

707 Ebd.

708 *www3.weforum.org/docs/WEF_INSIGHT_REPORT_Digital%20 Identity.pdf.*

709 *www.accenture.com/ie-en/about/company-index.*

710 *id2020.org/leadership; id2020.org/alliance#partners.*

711 *www.economist.com/business/2013/10/26/the-omidyar-way-of-giving.*

712 *www.gatesfoundation.org/.*

713 *www.gavi.org/programmes-impact/our-impact; www.bmz.de/de/ service/lexikon/gavi-impfallianz-14402.*

714 *www.opensocietyfoundations.org/george-soros?utm_ source=google&utm_medium=cpc&utm_campaign=gs_082018.*

715 *norberthaering.de/die-regenten-der-welt/identitaetsoekosystem/.*

716 Baerbock, Annalena: *Jetzt: Wie wir unser Land erneuern*, Ullstein, Berlin 2021, S. 151 f.

717 *www.bk.admin.ch/ch/d/pore/va/20210307/index.html.*

718 *www.aljazeera.com/opinions/2020/3/30/the-coronavirus-outbreak-is-part-of-the-climate-change-crisis/.*

719 *ppeh.sas.upenn.edu/experiments/covid-x-climate?fbclid= IwAR3QKP9ZkWFIFBMgCvNYo8sq7hpeddSG3Vu ZGZBcula1kodKWREvGM5mGGg.*

720 *www.climatelockdown.com/.*

721 *www.epochtimes.de/politik/deutschland/wirtschaftsprofessor-private-pkw-kann-man-sich-aus-klimagruenden-nicht-mehr-erlauben-a3536346.html.*

722 *www.welt.de/politik/deutschland/article223275012/Kampf-gegen-Klimawandel-Lauterbach-wegen-Coronazeit-pessimistisch.html.*

723 *www3.weforum.org/docs/WEF_The_Great_Reset_AM21_German.pdf.*

724 Ebd.

725 *www.weforum.org/agenda/2020/11/weeds-good-food-control-climate-change.*

726 *www.weforum.org/agenda/2020/11/wwf-10-tips-food-waste-carbon-emissions-un/.*

727 *www.weforum.org/agenda/2020/11/weeds-good-food-control-climate-change.*; *www.weforum.org/agenda/2020/11/wwf-10-tips-food-waste-carbon-emissions-un/.*

728 Ebd.

729 Baerbock, Annalena: *Jetzt: Wie wir unser Land erneuern*, Ullstein, Berlin 2021, S. 90.

730 Siehe dazu *www.project-syndicate.org/commentary/radical-green-overhaul-to-avoid-climate-lockdown-by-mariana-mazzucato-2020-09/german?barrier=accesspaylog.*

731 *www.weforum.org/agenda/2019/09/why-disgusted-eating-insects-gnarly-fruit-vegetables/.*

732 *nypost.com/2019/09/09/scientist-suggests-eating-human-flesh-to-fight-climate-change/.*

733 Ebd.

734 *www.businessinsider.de/international/cannibalism-eating-human-flesh-climate-change-2019-9/?r=US&IR=T.*

735 *www.weforum.org/agenda/2018/07/un-environment-and-yale-debut-stunning-sustainable-tiny-home-collaboration.*

736 Baerbock, Annalena: *Jetzt: Wie wir unser Land erneuern*, Ullstein, Berlin 2021, S. 88.

737 *www.swr.de/wissen/alternativen-beton-herstellung-ohne-co2-100.html.*

738 *www.wochenblick.at/great-reset-juengerin-angezaehlt-will-sich-baerbock-ins-kanzleramt-schummeln/.*

739 Ebd.

740 Gemeint ist eine Kampagne der Initiative Neue Soziale Marktwirtschaft.

741 Kuzmany, Stefan: »Büchse der Baerbock. Die INSM plant schon die nächste Kampagne« in: *Der Spiegel*, 25/2021, S. 10.

742 *Der Spiegel*, 19/2021, S. 34.

743 *Focus* vom 3. Mai 2021.

744 *Focus* vom 7. Mai 2021.

745 In der Sendung *Maischberger, die Woche* am 2. Juni 2021.

746 *www.nzz.ch/meinung/baerbock-bleibt-antworten-zu-charakter-und-ueberzeugungen-schuldig-ld.1628613.*

747 *www.nzz.ch/meinung/baerbock-bleibt-antworten-zu-charakter-und-ueberzeugungen-schuldig-ld.1628613,* (Kommentarbereich).

748 *www.nzz.ch/meinung/baerbock-bleibt-antworten-zu-charakter-und-ueberzeugungen-schuldig-ld.1628613.*

749 Baerbock, Annalena: *Jetzt: Wie wir unser Land erneuern,* Ullstein, Berlin 2021, S. 227.